U0654743

网络时代高校教育管理及评估研究

薛明明 著

九州出版社
JIUZHOUPRESS

图书在版编目（CIP）数据

网络时代高校教育管理及评估研究 / 薛明明著 . ——
北京 : 九州出版社 , 2022.11
ISBN 978-7-5225-1458-1

Ⅰ . ①网… Ⅱ . ①薛… Ⅲ . ①高等学校—教育管理—
评估—研究—中国 Ⅳ . ① G649.2

中国版本图书馆 CIP 数据核字（2022）第 222526 号

网络时代高校教育管理及评估研究

作　　者	薛明明　著	
责任编辑	陈丹青	
出版发行	九州出版社	
地　　址	北京市西城区阜外大街甲 35 号（100037）	
发行电话	（010）68992190/3/5/6	
网　　址	www.jiuzhoupress.com	
印　　刷	北京亚吉飞数码科技有限公司	
开　　本	710 毫米 × 1000 毫米　16 开	
印　　张	12.75	
字　　数	202 千字	
版　　次	2024 年 7 月第 1 版	
印　　次	2024 年 7 月第 1 次印刷	
书　　号	ISBN 978-7-5225-1458-1	
定　　价	92.00 元	

★ 版权所有　侵权必究 ★

前　言

随着现代远程教育工程的推进,很多高校设置了专门的网络教育,这有力地推进了我国高等教育大众化的进程。同时,管理部门与办学机构共同针对这一新的教育形态,实行网络教育模式、网络教育管理机制,建构网络教育资源,取得了可喜的成果。

经过不断发展,网络教育规模发展迅速,已经逐步成为国民教育的一项重要内容。但是从社会认可度而言,网络教育还不尽如人意,资源与服务还不能满足人们的需求,学习效果也不是很理想,教育质量还有待提高。分析其原因,就现象上说,容易将其归结为规模与质量的矛盾,认为控制规模就可以提高质量。但是从本质上看,显然要分析教与学的过程,因为这才是人才培养的关键环节,是决定人才培养质量的关键。教学管理是教与学过程落实的保障,因此要想改善网络教育人才培养的质量,就必须提升网络教育管理水平。

要想提升网络教育管理水平,应该从规范教学管理入手,而要想对教学管理进行规范,就需要全面了解教学管理的现状。当前,我国一些高校网络教育管理还存在着认识不明确、关注点不足及对网络教育人才培养质量没有信心等情况,这种认识上的偏差造成了高校网络教育管理方法不科学,甚至偏离正道的情况。基于此,特策划《网络时代高校教育管理及评估研究》一书,以期为网络教育实践者提供教育管理的操作性指南。

本书共包括六章。第一章开篇点题,对高校教育管理的基础知识进行研究,包括高校教育管理的内涵、本质、特点、原则、方法、体制等,并借鉴国内外一些高校教育管理经验进行分析。第二章为过渡章,将网络与高校教育管理相结合,分析了网络与高校教育的发展与融合以及网络时代下高校教育管理的意义、创新理念、创新模式。前面两章为下面章节内容的展开做了铺垫。第三章至第六章为本书的重点,从教学管理、学生工作管理、图书馆管理、文化管理、信息化资源管理、人力资源管理、质量评估管理等多个层面展开论述。

我国高校教育管理的改革与创新需要在借鉴国外经验的基础上,充分吸收一些有益的经验,也要从我国高校教育发展的实际出发,去粗存精,对那些不合理、不适应高校教育管理实际的环节和部分进行改革和完善,不断实现中国特色社会主义的高校教育管理改革,从而培养担当民族复兴大任的社会主义建设者和可靠接班人。我国高校教育管理也需要与时俱进,适应当前国际化、网络化、信息化的要求,充分将网络融入教育管理中,从而提升高校教育管理的质量。总体来说,本书对高校教育管理与质量评估进行全面的论述,期待能够为今后的高校教育管理改革提供一定的指导,从而推进我国高等教育事业的不断壮大。

本书在撰写的过程中,参阅了大量资料或文献,同时为了保证论述的全面性与合理性,本书也引用了专家、学者的观点。在此,谨向相关作者表示最诚挚的谢意,相关参考文献列于书后,如有遗漏,敬请谅解。由于作者写作水平有限,书中难免存在疏漏之处,恳请广大读者指正。

目　录

第一章　高校教育管理研究

教育是我国国民经济建设的战略重点之一,是科教兴国的重要组成部分,是建设物质文明和精神文明的重要条件。随着高校教育在社会政治、经济、文化、科技等方面发挥越来越重要的作用,人们更加重视高校教育管理工作。加强高校教育管理成为提高高校教育效益与质量,促进高校教育适应社会发展的重要环节和手段。本章即对高校教育管理展开研究。

第一节　高校教育管理的内涵

一、高校教育管理的概念

高校教育管理是指由专人或专门机构负责的,组织有关人员合理配置高校教育资源、高效完成高校教育预定目标的活动或行为。在理解这个定义时,需要明确以下几点:

(一)高校教育管理者、办学者和举办者的职责

高校教育行政管理者主要是国务院和省、自治区、直辖市两级教育行政部门。高校教育的办学者,是以高等学校法人为代表的学校领导、管理者集体。高校教育的举办者是出资创办高等学校的主要组织、机构、团体或个人。在我国,由于举办者的不同,高等学校可分为公办高等学校和民办高等学校。

公办高等学校主要由各级政府举办,民办高等学校则以社会力量办

学为主,包括各民主党派、团体、私营企业、公民个人创办的高等学校。高校教育管理者主要包括高校教育行政管理者和高校教育办学者,即高校教育行政主管部门和高等学校。在我国,公办高等学校的举办者也是行政管理者,因而属于高校教育管理者的范畴。但是,从严格意义上讲,高校教育的举办者和行政管理者是有明显区别的,二者混为一谈不利于高校教育管理决策的科学化和民主化进程,易出现外行管理内行的弊端。目前,我国高校教育管理体制改革的一大任务就是要将高校教育的举办者和行政管理者独立分开,明确二者的职责范围,借助法律、经济、行政等多种手段,充分发挥高校教育行政管理者的作用,提高高校教育行政管理者的效益,从而保证高等学校真正成为独立的办学实体。

(二)高校教育管理的范围涉及高校教育系统内外

从外部来说,任何一级的高校教育管理都离不开计划部门、财政部门的参与,否则,高校教育管理者就无计划可施行、无资源可配置。

从内部来说,高校教育管理是建立在高校教育系统基础之上的,脱离高校教育系统的高校教育管理也就成为无源之水、无本之木,从而失去存在的意义。所有这些都是由高校教育的客观规律和客观现实所决定的。

二、高校教育管理的意义

(一)高校教育在国家建设中有着重要地位

实践证明,缺乏接受过高等教育、能够掌握现代科学技术的优秀人才,就不能掌握现代化的生产手段,不能运用先进的科学技术,无法实现现代化的科学管理,当然也就谈不上建设现代化强国了。高校教育在国家建设中的地位和作用具体体现在经济功能、政治功能、文化功能、科学研究功能等社会功能上。科学地管理高校教育是发挥高校教育的社会功能的关键所在。

(二)高校教育内部、内部与外部之间普遍存在的矛盾关系使高校教育系统的协调成为必需

矛盾的协调和解决是高校教育系统存在和发展的前提。社会对高校教育系统的资源投入总是有限的。高校教育资源的有限性制约着高

校教育系统内部的一切活动。① 对高校教育系统来说，个人与个人之间、个人与整体之间，以及系统与环境之间的矛盾构成了高校教育系统的一系列矛盾。为了解决这三类矛盾，需要增加对高校教育系统的投资，加强其科学管理，通过管理活动，充分调动系统内外人员的积极性，妥善协调高校教育系统内外的各种关系，最大限度地发挥高校教育投资的效益，实现高校教育的目标。

一所一流大学必须具有一流的管理理念，高等教育管理是人们依据高等教育的目的和发展规律，有意识地调节高等教育系统内外各种关系和资源，以便达到既定的高等教育系统目的的过程。其本质就是协调高等教育系统有限的资源投入与高效益地实现高等教育总目标的矛盾，而这一矛盾的解决必须坚持诚信理念。因为社会对大学教育系统的资源投入是有限的，其资源的有限性制约着教育系统内部的一切活动。个人与个人之间、个人与整体之间以及系统与环境之间的矛盾关系构成了高等教育系统的矛盾运动。这些矛盾具有不同的表现方式。例如，个人与个人之间的矛盾，表现在工资福利、提级晋升、表彰奖励、教育经费分配以及学术观点等方面，而解决矛盾的关键在于是否遵循公平原则，即在诚信的前提下，制定合理政策，展开平等竞争，才能调动每个人的积极性，促进相互合作，形成凝聚力，使每个人的目标都能成为整体目标的一部分。个人与整体之间的矛盾，主要表现为系统整体目标是否与个人的目标相一致。当个人目标与整体目标发生背离时，相互之间就产生了矛盾。例如，有的教师降低自己的教学目标去追求自己的科研目标，这就同培养合格人才的总目标发生了矛盾，这时，我们必须用整体目标去指导个人目标，用个人目标去促进整体目标，才能在充分激发个体积极性和创造性的同时实现整体目标。系统与环境之间的矛盾，在当前主要表现为对高等教育投资少与实现高等教育系统目标、高校缺少办学自主权等方面的矛盾。例如，国家建设需要大量的各种类型的高级专门人才，而国家的经济实力又无法保证提供现在学校发展所需的相应的教育投资和办学条件，在这种情况下，必须把高教系统内部科学地组织起来，合理地分配和利用各种资源，以期最大限度地实现系统的整体目标，而不能以虚假的表象去夸大教育投资和办学条件，不能以次充好。因此，管理理念对实践的指导，直接关系到学校教

---

① 　姚启和．高等教育管理学 [M]．武汉：华中科技大学出版社，2000：25.

育目标与高等教育系统目标的实现,必须在整个过程中坚持诚信的管理理念。

第二节　高校教育管理的本质与特点

一、高校教育管理的本质

高校教育管理的本质是由高校教育管理活动内在的特殊矛盾所决定的。研究高校教育管理的本质,目的在于揭示高校教育管理活动的内在特殊矛盾,进而掌握和驾驭高校教育管理活动的规律。高校教育管理的本质就是协调高校教育系统丰富的人力资源、有限的物力资源投入与高效益地实现高校教育总目标之间的矛盾。高校教育系统的总目标是培养高级专门人才,发展科学技术,积极、主动、全面地适应社会经济、政治、科技、文化等的发展需要。高校教育管理活动就是充分调动高校教育系统的人力和物力资源投入,包括教师、学生、非教学人员,资金、信息、设施设备、教学科研服务等,通过有效的计划、组织、协调、配置等管理活动,实现各级各类的分目标,从而最有效地实现高校教育系统的总目标。在高校教育管理活动中,上述高校教育管理对象能量的发挥受高校教育内部因素,如学校类别、学科性质、教师的知识能力结构与年龄结构、招生规模等的影响;受外部因素包括社会的政治体制、经济体制和经济发展水平、科技发达程度和文化基础等的影响,因此在配置、运用高校教育系统的资源时,就必然存在个人与个人之间、个人与整体之间、系统与环境之间的矛盾。这些矛盾的存在和激化将会影响高校教育的人才培养质量。为了高效地实现高校教育系统的总目标,必然要求管理者在高校教育管理活动中,妥善处理和协调这些决定高校教育发展进程的矛盾,保证高校教育系统的人力和物力资源能够得到最大程度的利用。

高校教育管理的本质,渗透在高校教育管理目标、管理价值、管理职能、管理体制的各方面、各层次、各阶段,主要体现在:社会效益和经济效益的统一、人文目标与学术目标的统一、宏观管理和自主办学的统

一、党的领导和民主办学的统一。

二、高校教育管理的特点

高校教育管理除了具有其他管理的基本特点外,还具有自身的特殊性,主要表现在以下几方面:

（一）高校教育管理对象的特殊性

高等教育管理对象的特殊性。首先是人的管理的特殊性。高等教育系统的主要成员——高校教师和大学生,分别代表着不同的知识群体,他们在劳动和心理活动上与其他群体有着明显的差别。对他们的管理和协调要符合其劳动和心理特点。其次是高等教育投资的特殊性。相对于经济领域中的物质活动而言,高等教育的投资效益迟缓、滞后、回报期长,因而增加了高等教育管理效益评估的难度。

（二）高校教育管理目标的特殊性

高等教育系统的管理活动以高等教育的规律为指导,着眼于提高人才的培养质量,将社会效益和经济效益统一起来,而不能以企业管理的模式管理高等教育,只追求经济效益,以追求利润为目的。

（三）高校教育系统活动的特殊性

高等教育系统的主导性活动是传授、创造知识,高等教育所培养的各类专门人才和高等学校所提供的各种科技成果在质量上主要是通过学术水平和应用价值的高低来衡量的,因此学术目标便体现了高等教育系统的整体性质和本质功能。这就要求高等教育管理活动一定要以学术目标作为主导目标,与高校的学术目标相一致。

第三节　高校教育管理的原则与方法

一、高校教育管理的原则

（一）高校教育管理原则确立的依据

任何管理活动总是自觉或不自觉地遵循着某种原则，这就是管理原则。为了使管理活动有效，管理原则必须符合客观规律，并且不断地随着社会的变化而发展。确立高校教育管理原则，既要借鉴现代管理的一般理论，又要充分考虑高校教育管理的特殊背景；既要追求理论上的相对完备性，又要强调对实际工作的指导意义。尤其要分析各原则是否涵盖，以及在多大程度上涵盖整个高校教育管理领域，从而给高校教育管理原则以科学、客观、合乎逻辑的定位。概括来说，高校教育管理原则确立的依据主要包括以下几方面：

1. 一般管理规律与高校教育规律相结合

一般管理活动的规律就是管理各基本要素之间内在的本质的联系和管理过程的逻辑关系。现代行政管理学的理论和方法就是对行政管理活动一般规律的认识和反映。行政管理思想经历了工业管理、人际关系、结构主义等发展阶段。教育管理在不同场合、不同程度上借鉴了行政管理思想。例如，人际关系理论注意到员工的积极参与度、满意度、合作意识以及士气与团体的凝聚力较高时，有可能使生产效率得到提高。这一理论也促使教育行政管理人员寻找方法提高教师和学生的积极性和主动性，以期最大限度地发挥他们的创造力。虽然一般的管理理论与方法对高校教育管理原则的确立有一定的借鉴意义，但管理活动不能脱离事物本身的发展规律，高校教育管理必须遵循高校教育的客观规律。因此，认识和掌握高校教育的客观规律，是确立高校教育管理原则的客观依据。高校教育的一般基本规律包括以下两个方面：第一，高校教育与社会协调发展的规律；第二，高校教育与受教育者身心全面发展相适应的规律。高校教育管理原则必须以这两个规律为前提。

与一般的管理活动相比,高校教育活动存在一些特殊规律,它们构成了这门学科专门的研究领域。例如,经济效益与社会效益的关系、人才培养与科学研究的关系等。高校教育管理原则的制定与人们对这些特殊规律的认同密切相关。

2. 高校教育管理原则要把握系统性

教育管理原则应构成一个系统,具有整体性、目的性和关联性。高校教育管理原则体系的整体性在于,各原则围绕怎样提高高校教育管理效率这一目标结合为一体,没有一条原则能脱离原则体系而独立存在。只有存在于原则体系中,每一条原则才有它的功能。而且原则体系的功能是以整体功能而论,整体功能不等同于各条原则功能的简单相加。各条原则只有在原则体系整体功能目标即提高高校教育管理效率的指导下,以合理的方式相互联系在一起并充分发挥各自功能,才能保证原则体系整体功能的实现。

(二)高校教育管理的基本原则

根据前面对高校教育管理原则确立的依据分析,高校教育管理基本原则体系应该包括以下几方面:

1. 方向性原则

新时期党和国家的教育方针明确规定了我国高校教育的政治方向和服务方向、教育目的和实现教育目的的基本途径。

第一,要坚持社会主义的政治方向。社会主义的高校教育管理,必须坚持社会主义的政治方向。教育是具有阶级性的,任何一种社会制度都要以它的意识形态教育影响学生。高校教育管理必然受到一定的生产关系和国家的政治经济制度的制约,有鲜明的阶级性。我国作为社会主义国家,要明确我国的高校教育是社会主义性质的,如果不首先明确我国高校教育的社会主义性质,那就谈不上有正确的办学方向。坚持社会主义的政治方向,要有现实针对性。人们要注意西方意识形态的渗透,注意国外敌对势力利用各种机会对我国施行"西化""分化"的阴谋,坚持高校教育管理的社会主义政治方向。

第二,要坚持为社会主义经济建设服务。在社会主义现代化建设中,人们始终要以经济建设为中心,不能干扰这个中心。高校教育为社会主义现代化建设服务,主要是通过培养社会主义经济建设需要的人才来实现的,这称之为高校教育的服务方向。

高校教育要坚持社会主义政治方向,同时要服务于经济建设这个中心,主动适应经济社会发展的需要,从两个角度规定了高校教育的办学方向,各有侧重,相辅相成。因此,不能说高校教育的方向性只指政治方向,而没有别的内容,这是不全面的。

2. 高效性原则

高等教育管理的高效性原则是高等教育管理本质的直接体现和具体化,它要求以一定的高等教育资源投入培养和提供更多的合格高级专门人才和高水平的研究成果,或者说培养和提供一定数量的合格人才和研究成果,投入的高等教育资源量少,产出的数量与质量高,从而表明高等教育管理的活力突出。任何一种社会机构或组织的活动都需要进行效益管理,都需要提高其工作效率。高效性原则揭示了高等教育管理追求的目标,这就是良好的办学效益,它包括经济效益和社会效益。办学效益的评判标准应该是高等教育所培养的人才和提供的研究成果对社会进步、经济发展、文化进步是否起到最佳的促进作用,高等教育在实施过程中是否最大限度地利用了各种资源,最大限度地减少了浪费。高等教育在总体发展规划、具体专业设置、人员聘用、经费使用等方面必须具有充分的灵活性和活力,这是保证办学效益得到提高的前提条件。

3. 整体性原则

高校教育管理的整体性原则即必须把高校教育管理放在整个社会环境中考虑。高校教育管理要以培养人才为中心,各方面活动的开展都要服从于培养人才这个首要任务。就政府对高校教育的宏观管理来说,首先要做好培养人才的决策和宏观控制,包括人才培养的预测规划、总体规模、发展速度、结构布局等,以及通过组织、计划、协调、立法、拨款、检查评估等手段,保证培养人才的数量和质量。就高等学校的管理来说,各部门的工作都要面向学生,不能各自为政。要处理好教学和科研的关系,使两者相互结合、相互促进。教学是高等学校培养人才的主要方式和基本途径。但是,不能把教学工作仅理解为课堂讲授。教学活动既包括通过课堂讲授使学生学到间接知识,也包括指导学生获得直接知识和掌握学习方法。另外,开展科学研究能够提高等学校教师的学术水平,充实和更新教学内容,改进教学方法,使教学质量不断提高。因此,不应该把科学研究和教学对立起来,而应该使二者互相结合、互相促进。

随着现代科学技术的迅猛发展,高科技向现代生产力转化越来越快,高新技术产业在整个经济中的比重不断提高,科技在经济发展中的作用越来越大。21 世纪是高新技术迅速发展的世纪,我国改革开放和现代化建设进入承前启后、继往开来的关键时期,国家的经济建设和社会发展比以往任何时候都要更加倚重于科技进步。在这种形势下,高等学校特别是重点大学的科学研究工作更应大大加强。

现代高等学校的一项重要社会职能是直接为社会服务。高等学校的培养人才、开展科学研究、为社会服务这三项职能是互相联系、相辅相成的。开展各种形式的社会服务,有利于加强学习与社会的联系,增强主动适应经济社会发展需要的能力,有利于高等学校的教学更好地理论联系实际,培养锻炼学生解决实际问题的能力,提高教学质量;有利于进一步发挥学校的潜力,充分调动教师职工的积极性和主动性,通过有偿服务,为学校筹集一部分资金,以弥补办学经费之不足,用以改善办学条件和师生员工的生活条件。但是,高等学校必须以培养人才为中心,一定要处理好培养人才与直接为社会服务的关系。必须统筹兼顾,加强管理,对收益进行合理分配,有利于调动各方面的积极性。

4. 民主性原则

高校教育管理的民主性原则主要是由高校教育管理封闭性和开放性相统一的规律所决定的。要想办好相对封闭但又比较开放的高校,如果不发扬民主性的原则,不充分调动广大师生的积极性与主动性,是无论如何也办不到的。因此,高校教育管理在做出重大决策之前,一定要发扬民主性的原则。

5. 动态性原则

任何事物都是处于不断变革之中的。管理过程是一个不断发展变化的动态过程。所以,高校教育管理也具有动态性的原则。高校教育管理的动态性原则可表述为:通过不断地改革以主动适应经济和社会发展的需要。动态性原则要求人们做到如下两点。

第一，以发展的战略眼光看待问题，认识到任何事物都不是静止不变的。只有改革才能促进教育发展，教育要发展则必须不断地改革。

第二，处理好变革与稳定的关系。在变革不适应部分的同时，要继承高校教育合理的内核。既坚持既成的体制和维持现状，也不能全盘否定以往的经验。另外，要注意不能朝令夕改，尤其在高校教育改革方面要持慎重的态度。

二、高校教育管理的方法

高校教育管理是一个复杂的系统工程，它受多种因素的制约，如社会经济、政治、科技、人口、办学条件、师资队伍、管理者的素质等。在这样复杂的条件下，为了合理地配置现有的高校教育资源，高效地实现高校教育的目标，就必须有一套科学、可行的高校教育管理方法。

（一）高校教育管理方法的层次

高校教育管理方法，从层次上来讲，包含三个方面的含义。

1. 高校教育管理的方法论

它是高校教育管理方法的指导思想。在我国，历史唯物主义、辩证唯物主义和现代管理科学是高校教育管理的方法论基础。

2. 高校教育管理的具体操作方法

例如，高校教育管理中的经济方法、行政方法、行为科学方法、系统科学方法等，它们是高校教育管理方法的中心内容。

3. 高校教育管理的技术

这是侧重于从定量角度实施对高校教育的管理，包括高校教育管理的预测技术、决策技术、规划技术、网络技术、综合评价技术。

在实践中，高校教育管理通常是以高校教育管理的方法论为基础，以高校教育管理的具体操作方法为核心，结合高校教育管理的技术，将三个层次的方法贯穿于高校教育管理过程之中。

（二）高校教育管理的常用方法

高校教育管理的常用方法是人们多年实践的经验总结,蕴涵着许多现代管理科学理论方法的因素。在高校教育管理过程中,应该充分发挥常用方法的优势,坚持科学的方法论,采取多种途径,调动一切积极因素,以推动高校教育的发展。高校教育管理的常用方法包括以下几种:

1. 法制方法

高等教育管理的法制方法是与高等教育管理的行政方法相对应的一种管理方法,它根据国家立法机关制定的各种教育法规,包括高等教育法律、法规和条例等,实施对高等教育的管理。法律具有不可侵犯的严肃性、威慑性、权威性,普遍的适应性、稳定性、强制性等特点,利用法律管理高等教育可以保证高等教育的权利不受侵害,同时督促政府、社会、高等学校依法履行自己的义务、职责,促进高等教育的稳定、健康发展。

法制方法涉及法律的制定和实施等环节,所以如何保证所制定的高校教育法律、法规更科学、合理,如何使有关高校教育的法律和法规能得到全面贯彻实施,是利用法制的方法管理高校教育的关键。

2. 行政方法

行政方法是依靠各级高等教育的行政机构,采用行政命令、决定、指示和下达任务等行政手段管理高等教育的一种方法,它是我国高教管理中采用最为普遍的一种方法。行政方法具有权威性,它能起到“令行禁止”的作用。对于实行计划经济的社会主义国家来说,行政的方法是保证实现“全国高等教育一盘棋”的必不可少的手段。例如,审批高等学校的程序,就是一种行政管理方法,它对于保证新建立高等学校的条件、保证全国高等教育的布局和结构的合理性具有重要的作用。再如,招生计划和毕业生分配计划也是一种行政管理方法,国家教育行政部门正是通过这种方法,来实现专门人才的有计划培养以及科学合理的使用。

3. 思想政治教育方法

思想政治教育方法,具有潜移默化、春风化雨的感化功能,可以培养人的远大理想、高尚的品德和情操。在我国,社会主义方向性和德智体全面发展的教育方针,决定了思想政治教育方法在高等教育发展中具有非常重要的独特地位。

4. 经济方法

经济方法是通过一定的经济手段,如增加或减少经费拨款,调整工资、奖金等方式,调控高等教育的发展方向,奖勤罚懒,激励高等教育管理机构、高等学校、个人努力提高办学的经济效益和办学质量。随着高校教育发展规模的日益扩大,国家、社会、个人对高校教育的投资不断增加,经济方法在高校教育管理中发挥着越来越重要的作用。目前我国高校教育中推行的"跨世纪重点大学建设项目""高等学校文科基地建设",各高校"特聘教授""师范教育基金"的高等学校预算管理模式等,就是经济方法在高校教育管理中的具体运用。

5. 咨询方法

咨询的方法是在行政决策之前,充分发挥专、兼职高等教育研究人员的参谋咨询作用,通过在理论上对高等教育实际问题的探讨、分析比较,提出较为科学的行动方案,为行政决策提供可行性依据。

第四节　高校教育管理体制研究及国内外借鉴

一、高校教育管理体制研究

高校教育管理体制与一定的社会制度密切相关,它既是一定历史时期生产力水平的反映,又与一定的生产关系的发展相联系,是我国整个国家管理体制的一个重要方面。它随着高校教育的出现而产生,随着高校教育事业的发展而发展变化。

（一）高校教育管理体制的概念

"体制"一词源于生物学上的一个概念,是生物器官的配置形式,后引申为国家机关、企事业单位在机构设置、领导隶属关系和管理权限划分等方面的体制、制度、方法形式的总称。不同的体制有不同的内容,它受到一定社会政治、经济、文化传统的各方面因素的制约,反过来也能对社会的变革和生产力的发展产生了较大的影响。教育管理体制是指教育领域中关于机构的设置、隶属关系以及权限划分等方面的制度。教育管理体制包括:一个国家的教育管理权力如何确立和划分;中央和地方各自设置什么形式的教育管理机构;这些机构之间是否表现出一定的隶属关系;一个国家对教育的管理总体上是集中管理还是分散管理等。在这些问题中,核心问题是中央政府与地方政府教育管理部门与学校围绕教育事务方面的权限划分。高校教育管理的体制就是指与高校教育管理活动相关的机构、制度、方法形式等,其主要内涵包括高校教育组织机构的设置、组织机构间的隶属关系,以及职责范围及相互关系、高校教育事业管理的权限划分;人员的任用和高校教育事业发展的规划与实施等。高校教育的管理体制可分为宏观管理体制和微观管理体制。宏观管理体制就是一个国家在高校教育管理行为活动中,国家层面和省级政府高校管理的职责、权力和利益关系;微观管理体制就是高等学校内各管理层之间的职责、权力和利益关系,或高等学校内部各部分的比例关系和组合方式。

（二）高校教育管理体制的功能

高校教育管理体制具有显著的功能,概括来说主要包括以下几方面:

第一,高校教育管理体制解决的是中央和地方的关系、教育行政部门和学校的关系,这些关系归根结底是一种权限与利益的关系。通过适当的教育管理体制,参与教育活动的各方按一定的"游戏规则"办事,明确各自的权利义务关系,以此来保证教育活动的顺利进行。

第二,相对其他管理教育的制度来说,高校教育管理体制是牵一发而动全身的,如只有在管理体制上强调地方参与、学校自主,招生制度和分配制度的改革才有可能进行。

第三,高校教育管理体制不但是各种教育力量在教育系统中发挥积极作用的外在表现形式,也是彼此间分工协作的一种表现,正如管理学家巴纳德所说:"在一个群体系统中,必须在协调合作有效分工的原则下,各部门做各部门的事情。"

第四,研究和改革高校教育管理体制的根本的目的是要提高教育管理的效率。"效率原则是衡量任何组织结构的基础",离开了效率原则,高校教育管理体制的改革就变得毫无意义。

（三）高校教育管理体制的模式

高校教育管理体制是一个国家体制的重要组成部分,因此实行什么样的高校教育管理体制,则由国家体制性质来决定。目前,人们一般把世界各国高校教育的管理体制分为以下三种模式:

1. 中央集权式高校教育管理体制

中央集权式高校教育管理体制实行的是一种完全由国家来举办高校教育的制度,高校教育的管理和决策权力在中央政府,由中央政府通过一定的法律、监督、计划拨款、行政命令和手段来直接调节高校教育活动的管理体制。[①]

这种模式中,政府和高校间是一种完全的上下级关系,一切权力集中在中央政府,高校由中央政府举办,但资金来自政府的不同部门。少数归教育部门管理外,大多分属其他部门。因此,高校必须向政府承担应有的责任,在利益的关系上国家作为社会各个利益集团的代表,统筹高校教育的宏观管理活动,履行全面的职责。

（1）中央集权式高校教育管理体制的优点

中央集权式高校教育管理体制具有显著的优点,主要表现在以下几方面:

第一,有利于统一教育的目的、方针政策,使国家的整体利益得到实现。

第二,有利于集中国家的财力、物力,按照国家的某项需要实施重点发展,保证国家重点人才需要。

第三,有利于国家通过行政干预对高校教育事业的管理与控制,推

① 曲木铁西,夏仕武. 少数民族高校教育导论[M]. 北京:民族出版社,2013:139-141.

动高校教育的改革和发展。

第四,有利于保持少数民族地区、偏远农村地区与中心地区高校教育的平衡发展,消除民族之间、地区之间高校教育机会不均等的现象。

（2）中央集权式高校教育管理体制的缺点

中央集权式高校教育管理体制也具有一定的缺点,主要表现在以下几方面:

第一,容易产生整齐划一的目标模式,压抑高校和人的个性的发展,使高校不能很好地适应社会发展的需要。

第二,地方政府和高等学校缺乏自主权,限制了一定的办学积极性,产生依赖心理。

第三,难以发挥社会对高等学校支持的积极性。

第四,中间环节多,权责界限不明,易造成行政效率低。

2. 地方分权式高校教育管理体制

地方分权式高校教育管理体制一般是指高校教育的决策、财政拨款、评估监督等职能由地方政府和利益集团来行使。而中央政府则主要表现在资助、间接指导及信息服务等方面。在这种管理体制之下,地方政府一般就是高等学校的举办者,高等学校在地方政府的宏观管理和协调下,依法独立办学。

（1）地方分权式高校教育管理体制的优点

地方分权式高校教育管理体制具有显著的优点,主要表现在以下几方面:

第一,有利于调动地方政府的积极性,增加对高校教育的投入。

第二,有利于为当地经济社会发展服务,培养所需的人才。

第三,有利于调动社会的广泛参与,有利于建立相对灵活的办法机制,形成特色。

（2）地方分权式高校教育管理体制的缺点

地方分权式高校教育管理体制也具有一定的缺点,主要表现在以下几方面:

第一,缺乏统一的发展高校教育的目标和标准,教育质量会参差不齐,甚至可能会扩大教育机会不均衡等现象。

第二,国家难以从整体上"控制"高校教育的发展,难以保障国家的重点人才需要。

第三,国家整体上的协调、控制、评价、督导等规范化管理难以实施,行政管理能力削弱。

3.中央集权和地方分权结合式高校教育管理体制

中央集权和地方分权结合式高校教育管理体制是一种由中央和地方政府或政府与高等学校共同承担高校教育管理职能的管理体制,体现出国家、地方政府和高校分别享有高校教育的管理权力,在各自不同层次行使各自的职能,且满足各方利益需要的宏观管理特征。这种模式需要诸多因素的协调与配合,因此实行起来不太容易把握。例如,日本的高等学校分为国立、公立、私立三部分,除少数国立大学由文部省直接负责外,由都、道、府和市举办的公立高等学校由文部省和地方政府共同制订总体教育计划,统筹高校教育事业发展。地方政府是公立高等学校的举办者,但国会和文部省通过教育方针的确定、教育立法、教育计划的制定等,介入地方高校教育管理事务。私立高校,一般拥有较大的自主权,政府采取发放补贴和设立基准形式对其实行控制,以保证私立高校的办学水平和质量。日本从开始实行这种模式以来,已有不短的历史,但至今仍在不断改革之中。

二、国内外高校教育管理体制

(一)国外高校教育管理体制

下面主要对美国、新加坡和瑞典的高校教育管理体制进行简要阐述。

1.美国的高校教育管理体制

美国的高校教育管理体制具有地方性和分权化的特点。但近年来随着高校教育战略地位的提升,联邦政府也大大加强了对高校教育的调控,再加上协会组织在高校教育治理中的作用日益凸显,美国的高校教育管理体制出现了一种多元化的发展趋势。多元化是美国高校教育的一个主要特点,这种特点不仅体现在院校类型、学位层次上,也同样体现在教育管理体制上。

（1）联邦政府对高校教育的宏观调控

美国的国家权力分为立法权、行政权和司法权三部分,分别由国会、总统及行政机构和最高法院行使。这三个权力部门都与高等教育有关。美国在政体上实行三权分立的制度,国家权力分为立法权、行政权和司法权,分别由国会、总统及其行政机构和最高法院行使。高校教育相关事宜也在这三个权力部分的辖区之内。国会是立法机构,全国性的教育立法都由它来审定,历史上一些重要的教育法案均由国会通过和颁布。此外,国会在教育行政方面还具有联邦教育经费的筹款权、联邦教育预算的决议权,以及联邦最高教育行政管理的任免权。联邦法院根据宪法规定,具有国家的司法权、司法解释权,因而许多重要的教育案件最终都要由它来裁决。联邦政府对于国家教育事业的管理则主要是通过宏观调控来实现。

联邦教育部是负责美国高校教育宏观管理的主要机构。由于依照法律规定,州政府是高校教育的直接管理部门,联邦政府不能实行中央集权的教育管理,因此在美国历史上,一直没有设立专门的、权力集中的联邦教育部,一直都是由联邦卫生、教育、福利部的教育总署实施对全国教育的指导。直到 1979 年,教育总署才升格为正式的内阁级的教育部。联邦教育部设有部长办公室、常务副部长办公室和副部长办公室。从教育部的具体职责来看,主要包括以下几种:第一,为美国教育中出现的重大问题提供指导,促进教育合作;第二,提供奖学金和贷款;第三,收集并传播优秀的教育思想和最新教育研究成果;第四,帮助院校解决学生面临的最紧迫问题;第五,保证所有公民都有平等享受联邦教育基金资助的权利。

（2）州政府对高校教育的直接管理

州在美国的权力结构中具有非常重要的地位。各州在不违背宪法的前提下对本州的事务拥有立法、司法和行政管辖权。根据美国联邦宪法的规定,教育的管辖权及责任在州一级。因而,州政府是高校教育的真正管理者和协调者,州议会可以制定州宪法来规范教育的基本原则、基本政策、教育目标教育评价标准等。各州的高校教育管理机构主要有管理委员会、协调委员会和规划事务局三类。在以上三类管理机构中,管理委员会是负责对全州公立大学进行直接管理的机构,而协调委员会则主要负责对全州高校教育系统,包括私立大学进行统筹协调。

（3）中介组织在高校教育管理中的参与

这里所说的中介组织是指不附属于政府,也不代言高校,而是根据一定的法律法规,秉持独立、公平、公开、公正的原则积极参与高校教育活动,具有自主性、民间性、自律性和权威性的非营利性社会组织。中介组织参与高校教育的管理是美国高校教育管理的一个独特之处。

总体来看,在美国分权化的高校教育管理体制中,联邦政府、州政府和中介组织处于一种相互合作又相互制衡的状态,共同促进美国高校教育的发展。由于这些管理主体来自社会各个层次,它们从各自的切身利益出发,通过各种途径,从不同的角度来控制或影响高校教育。这就使得美国的高校教育管理体制具有稳定有序、机制健全、灵活性强等特点和优势。

2. 新加坡的高校教育管理体制

新加坡在 1965 年独立后,实行了中央集权制的教育管理模式,全国各级各类教育都是由代表国家的教育部集中统一领导和管理,有关各级教育的方针、政策、内容、方法、规章制度及教师人事等,均由教育部及其下属的各局、处直接负责,学校无权过问。新加坡教育的最高管理机构是教育部,最高行政长官是教育部部长,而后依次是政务部长、会务秘书、行政秘书总监。教育部下设七个职能部门。

教育部主要职能包括以下几方面:第一,负责制定和执行教育政策;第二,主管政府主办和资助的学校;第三,负责初级学院的发展;第四,对私立学校进行监督等。

高等院校形式上隶属于教育部,在学校发展和业务管理上具有自主权。政府通过这种直接和间接的管理形式,将各级各类教育纳入国民教育发展的轨道。长期以来,新加坡的公共教育由教育部统一管理,大学、理工学院和工艺教育学院等都是教育部下属的法定机构,即由国会立法成立的、以执行政府政策为主要职能的工作实体。然而,2006 年 4 月,新加坡国立大学和南洋理工大学正式从法定机构转为非营利企业,新的管理模式使两校拥有了更大的办学自主权,而教育部的职能也随之发生改变,更多地转向政策引导等宏观方面的调控。这意味着新加坡高校教育的管理体制正在发生根本性的转向,政府虽仍是管理主体,但实际的办学权力却逐渐下放到了学校的手中。①

　　3. 瑞典的高校教育管理体制

　　瑞典在特定的历史和政治经济环境下,通过行政、立法、经济等手段不断调整政府对高校教育的协调与控制作用,实现了促进高校教育培养人才、促进科技经济发展和服务社会等目标。在瑞典,高校教育和科研的最终管辖权归属瑞典国家议会和政府。瑞典政府在高校教育中的职责包括以下几方面:第一,授予大学资格;第二,制定高校教育法规;第三,提供高校教育课程和专业所需的资金;第四,提供科学研究所需的资助;第五,任命高校教育机构董事会主席;第六,监管与高校教育事务相关的其他机构等。

　　瑞典教育与科研部是瑞典政府下设的十大职能部委之一,专门处理与中小学、高校教育机构、成人教育、大众教育和学生资助相关的事务。在瑞典,公立高校教育机构直接向政府和教育科研部负责并汇报工作,瑞典农业科学大学除外,该校向瑞典农业事务部负责。

　　瑞典国家议会决定高校教育机构的资金分配额度。第一、二层级的拨款额度取决于学生人数和学生获得的学分数,政府给予第三层级的财政支持主要参照以往拨款基数,并依据"论文发表数"和"被引情况"增加额外比例的激励资金。此外,政府还通过评估来决定高校教育机构的学位授予权力。相关法律规定,所有的高校教育机构均需向政府提出正式申请,经瑞典高校教育署评估之后,方可获得颁发专业学位和美术、应用与表演艺术学位的资格。

　　除了大学和大学学院等高校教育机构以外,瑞典政府还设立了高校教育署、瑞典高校教育委员会、瑞典高校教育上诉委员会、瑞典国家教育局、瑞典科研委员会、瑞典中央学生援助委员会等高校教育监管机构,它们都对瑞典教育与科研部负责。②

① 王喜娟,张进清. 新加坡、马来西亚高等教育改革与发展 [M]. 桂林:广西师范大学出版社,2017:28.
② 孟毓焕. 博洛尼亚进程下的瑞典高等教育 [M]. 北京:北京理工大学出版社,2017:60-65.

（二）国内高校教育管理体制

1. 我国高校教育的宏观管理体制

高校教育的宏观管理体制始终是我国高校教育发展中的基本问题，特别是在当前社会转型时期，如何改革我国现有体制，使高校教育的运行与社会的整体运行达到协调一致，使高校教育更好地满足和适应社会主义市场经济的需要，尤其值得人们关注。

目前，我国高校改革的重点是，在强调加强高校行政管理、提高高校的办学效益的同时，应适当地注重学术管理和行政管理的分离，要从体制上进一步提高目前高校中学术委员会机构的地位，加强其学术决策职能，目的在于建立由高校党委、行政系统和学术系统三方面共同作用的相互协调和相互制约的机制。高校党委作为贯彻党的基本路线和政策方针的基层组织，承担着监督学校各项活动，把握高校政治方向的重要职能；而行政系统则确定学校的发展规划、资源分配方案以及校长的人选等，校长作为行政首脑有权全面裁决高校内部各项事务；高校学术委员会负责审议学科、专业的设置教学、科研研究计划方案，评定教学科学研究成果等有关学术事项。

2. 我国高等学校行政管理系统

校级行政管理机构是全校行政工作的统筹部门，它以校长为核心，由校长根据高校决策机构确定的政策和方向，制订具体的落实计划，确定有关部门的负责人选，组织内部有关职能部门和人员，最大限度实现预期目标。

学院是大学的管理中心，学院院长一般由校长委任并对校长负责，基本职能如下：第一，协助校长管理校务；第二，协调所属各系所的关系；第三，制定学院发展规划和开展学科建设，组织跨学科的联合攻关；第四，统筹全院人、财、物等资源的调配等。

系设立于学院之下或直属校部管理，由系主任负责，它一般由上级部门如学院的院长或校长任命。系级行政管理机构在上级部门的指导下负责开展教学和科研活动，落实上级意图，并接受监督和考核。

第二章 网络与高校教育管理的关系

进入 21 世纪,信息技术迅猛发展,这为高校教育管理提供了机会和条件,也预示着教育理念、内容、目的等也会发生变革。就本质而言,网络与高校教育管理的融合是运用网络技术来促进高校教育管理改革的过程。当然,高校教育管理也必须适应这一发展趋势,通过网络技术来改进管理质量和效果。本章就首先来探讨网络与高校教育管理的关系。

第一节 网络与高等教育的发展与融合

一、网络的发展与移动网络

（一）网络的概念

从 1969 年美国军用实验阿帕网的诞生,到今天信息时代联通中西,贯穿南北的全球网络,人们见证了几十年来网络的孕育和高速发展。1994 年底,经历了教育科研中的开发应用以及商业化的历史性飞跃之后,因特网已成为连接全球性的计算机系统。下面这个从技术角度所下的定义至少揭示了因特网几个方面的特征:

第一,全球规模性。作为一种分布式网络,因特网不存在等级上的中央控制和范围上的封闭界限,它是属于全人类的。

第二,网址唯一性。因特网上每一台主机都有一个唯一而明确的网址作为区别于另一台主机的标志,而且不存在同名现象。

第三,规则统一性。网络上的所有电脑都必须按照共同的 TCP/IP 协议连接并通信。

第四,功能服务型。网络的所有这些技术特征决定了对于网络的功能来说只是与完全的信息服务有关,而与信息控制无关。

以上所述仅仅是技术层面上的网络概念,但是网络又不纯粹是一个技术概念,在当代,它还是一个更为广泛的社会文化概念。网络不仅是一种计算机和通信技术结合而形成的技术集合体,更是当代社会中的一个至关重要的结构功能实体,它包含了一整套新型的技术、制度乃至社会价值观念、道德评判等。今日的网络,不仅结合了科技,更连接了人类、组织和社会,网络的深远影响早已突破了单纯的技术樊篱,在对个人、组织,乃至整个人类社会的深刻变革中,网络日渐创造了其在人文层面上的巨大成功,被称为继报纸、广播、电视之后的"第四媒体",并广泛应用于教育、金融、媒体、通信、娱乐等社会生活的各个领域。同时,伴随着网络应用的普及,这一层面所涉及的网络立法、网络道德、网络安全等问题也日益浮出水面,引起我们对于网络巨大成功背后的反思,以及呼吁建立网络文明、建设和谐网络环境的探索。

(二)移动网络

对于移动网络(Mobile Internet)的定义有很多,通常是指将移动通信和网络二者结合起来,成为一体。

移动网络不仅仅是在手机上使用网络,也不仅仅是简单的桌面网络的移动化。一些在桌面网络上热门的、赚钱的业务,在移动端都很难平移过去,门户、搜索都是其中典型的业务。移动网络时代,屏幕大小的变化、用户使用习惯的变化、注意力的变化,包括社交在内的行为变化都和桌面网络有着很大的不同。移动网络把手机独有、随身携带、实时移动等功能和网络这一新技术有机结合起来,创造出很多新应用、新模式。移动网络具有六大特点。

1. 移动性

从2G、3G、4G到5G,移动通信技术的发展使手机、平板等智能终端随时随地拉入网络,网络逐步移动起来。特别是因为5G的高速解决了传输瓶颈,真正实现了"移动宽带",让长久以来被网线所束缚的网络获得自由。

2.便携性

移动网络的根本是智能终端,智能终端属于个人随身携带物品。而智能眼镜、手表、手环等穿戴设备的兴起,使智能终端逐渐成为人类身体器官的延伸。

3.即时性

由移动性和便携性引发而来的是用户可以随时随地使用网络。同时,对网络反馈速度的需求也进一步提高。

4.私密性

目前,智能手机已经成为隐私最多的设备。隐私通常包括两个部分:一个是存的私人信息,一个是生活习惯的隐私。

5.个性化

移动网络的每一次使用都精确地指向一个明确的个体,再加以大数据技术,移动网络能够为每一个个体提供更为精准的个性化服务。

6.智能化

电视、汽车等传统设备的智能化,衍生出新形态。同时,人机交互更加智能,而重力感应、磁场感应,甚至人体心电感应、血压感应、脉搏感应等传感器,使通信从人与人通信,向更智能的人与物以及物与物演进。

二、网络与高等教育的发展

(一)网络时代下高等教育的成就

1.信息技术教育与应用发展迅速

目前,很多高校建立了不同层次和规模的校园网,网络已连接到校内的主要办公楼、教学楼、实验楼、图书馆甚至师生宿舍。大部分学校建立了网络中心和多媒体教室,利用校园网开展了远程教学、数字图书馆服务办公自动化系统、教学教务管理系统、后勤管理系统、网络课程服务和教学资源开发系统等应用项目,已经初步实现了高校信息化向更高层次迈进的第一步。[①]

近年来,特别是随着我国电信事业的飞速发展,社会企业对教育的支持,以及大量的高等教育资源的开发,大大地加快了教育信息化的步伐。

2. 信息化人才培养的速度明显加快

在实现国民经济高速发展和社会信息化的过程中,高等教育承担着培养高校信息化创新人才和提高全民族素质的重要任务。20世纪末以来,作为高校信息化人才培养重要基地的高等学校,在各个方面都得到长足发展。

3. 教育资源建设取得很大进展

发展教育信息化,其中网络设施建设是基础,资源建设是核心,信息人才是关键。目前各级各类教育主管部门和学校都十分重视教育数字资源建设,根据学校的学科优势和教学特点,开发了一批基于网络的教育教学资源库、素材库、网络课程和教学课件,这对整合教育力量、推动资源共享、实现远程教学奠定了良好的基础,创造了基本条件。我国开设了信息技术相关专业和信息技术课程,对计算机相关专业进行教学改革。

(二)网络时代下高等教育的机遇和挑战

1. 网络时代下高等教育的机遇

网络技术的进步和应用普及,正惠及亿万城乡师生,将会带来教育理念和模式的巨大变革,并在以下几个方面带来教育事业的重大发展机遇。

(1)促进教育公平。网络突破了传统教育的时空限制,可以把最优质的教育资源、最先进的教育理念、最新颖的教学模式在更大范围内共享,包括偏远贫困地区,能在很大程度上改善国内教育资源分配不均的现状,为每个人提供更好的教育机会,促进教育公平发展。

---

① 廖守琴.现代教育技术基础[M].北京:科学出版社,2016:17-18.

（2）提高教育质量。利用网络技术,不仅能实现教学资源和智力资源的共享与传播,激发学生的学习兴趣和增强学习效果,还能推动优质教育资源共享、教育教研合作交流和课程改革,全方位提升教育教学的质量和效益。

（3）降低教育成本。网络推动了教育资源配置的优化,使更多的人同时获得更高水平的教育,提高了教育资源的使用效率,降低了教育成本。另外,由网络打造的没有围墙的学校,也为个性化学习、全民学习和终身学习提供了可能。

2. 网络时代下高等教育的挑战

人类正在进入信息社会,大学的组织形式将会改变。信息社会的教育要素将集中在网络平台上,教育实施将以个人选择为主,知识将无法垄断,教育公平和个性化学习将得以实现。如今的学生已经是与网络共生的一代,是地地道道的互联网原住民,他们可以熟练地借助网络生活,本能地通过屏幕学习。他们认为屏幕学习效率高,而"50后""60后"的习惯是书本学习。思想观念的差异和数字鸿沟很难短时间内弥补,由此对"互联网＋教育"的影响不能小视,我们要以开放的心态改变原有不合时宜的政策和管理方式模式等。

第二节　网络时代对高校教育管理的影响

一、网络对高校学生的影响

（一）学分制和弹性学制的实施使高校教育管理面临新的变革

目前,全国各地高校普遍实施了学分制。学分制实施后,打乱了学年制整齐划一的教学管理模式,学生院(系)、年级、专业、班级观念淡化,形成了以课程为纽带、多变的听课群,使不同专业、不同院系甚至是不同学校的学生在一起学习,这给学生管理工作增加了难度。同时,除对学生进行教学和思想生活管理外,还需指导学生选课,帮助学生构造合理的学科知识结构,并要求学生在教师的指导下,由定向学习变为自主选择性学习,学生管理工作由学年学分制下的指令性管理变为指导性管理。

（二）高校后勤社会化和高校新区建设给高校教育管理带来新的问题

网络时代下高校后勤社会化,实际上是建立一种教育成本分担机制。目前,我国许多高校实现了基于网络的高校后勤社会化。高校按市场经济规律运作,允许社会上的人员、资金、技术、设备开发校内市场。这些经营者进入高校市场的主要目的是营利,而学生在缴纳各种费用的同时也树立了教育投资意识,对学校教学生活条件有了更多更高的要求。这就容易使二者产生矛盾。比如,学生宿舍管理实行基于网络的公寓化管理后,不同院(系)、不同年级、不同专业、不同班级的学生混合居住,就给学生管理工作带来了很大难度,以前按班级、院系管理的模式难以取得应有的效果。

二、网络对高校教育管理者的影响

在当今信息社会里,信息是未来社会经济与社会发展最重要的资源,掌握信息并运用信息进行管理决策的管理者,就等于掌握了事业发展的主动权。我国进行的社会主义市场经济建设使高等学校与社会经济文化生活的联系越来越紧密,离开了社会经济建设与发展的需要,高等学校就难以生存与发展。高校管理决策者只有掌握社会主义市场经济建设与发展过程中的各种信息,才能把握学校生存与发展的命运。而这对高校管理决策者有更高的素质要求。

第一,一名优秀的高校管理决策者应是一个勇于开拓、锐意改革、不断进取的开放型人才。市场经济的发展要求高等学校变原来的封闭系统为开放系统,只有开拓进取、锐意改革的管理者才能做到这一点。一旦制定出学校发展目标,就把实现目标作为激发管理者们追踪信息、寻找机遇的重要动力。

第二,一名优秀的高校管理决策者应具有信息观念。如果不抓住时机,信息退化,不能适时做出正确对策,就必然被历史淘汰。

第三,一名优秀的高校管理决策者必须舍得花时间和精力去调查分析各种信息。在非信息时代,管理决策行为的产生是以大脑和以往经验及个人的内心活动为主,表现为简单的推理和直接判断,信息不具有决定作用。进入信息时代,管理决策行为发生了重大变化,掌握最新、最全、最正确的信息是管理者做出正确决策、避免失误的最重要条件。因此,管理决策者要下大力气调查、分析、研究各种信息,把管理决策行为建立在稳固、深厚的信息基础上。

第四,一名优秀的高校管理决策者应该胸怀宽广、无私无畏、善于听取别人的各种意见和建议。任何一名高校管理者不可能在专业技术、教育管理、人事关系等方面都无所不能、完美无缺,一名优秀的管理者不应该拒绝自己不希望听到的信息,只有取各方之长,才能够比较全面、真实地获取信息。

第五,一名优秀的高校管理决策者必须具有对信息的驾驭能力。决策是一种动态过程,关键取决于管理者驾驭这种过程的信息处理能力。因此,管理决策者应善于观察分析,及时了解与管理目标相关的各种信息,掌握最新动态,掌握第一手资料,使自己处于主动的有利地位,不打被动仗,不因不必要的冒险而失误。

第三节　网络时代下高校教育管理的创新理念

一、转变课堂形态

(一)从独白课堂转向对话课堂

独白课堂是在高校教育教学中,教师拥有绝对话语权,对高校课堂教学的走向起着主导作用,学生则是失语者,高校课堂教学完全是教师的知识灌输过程。在这样的课堂上,教师与学生完全属于单边活动,学生并不是在主动地学习知识的,而是被教师教会的。教师为了完成自身的教学任务,占据课堂的大部分时间,导致师生之间并没有过多的互动的机会,学生也因此降低了学习兴趣和热情,产生了"虚假学习"现象。

网络时代最主要的特征就是内容更为丰富,一方面教师不再是学生获取知识的唯一途径,也不再是课堂的权威,学生如果在课堂上有些知识没有掌握,他们可以在课下通过互联网展开自主学习。另一方面,随着网络技术的发展,网上的交互平台增多,使师生之间可以通过网络进行交流互动,打破了之前的单边活动的局面,师生之间可以实时对话,这就使得课堂形态从独白走向对话。

对话课堂使高校课堂教学主要以学生为本,将学生视作课堂教学的主体,通过对话手段,在师生之间建构平等互助的关系,最终提升教师的教学质量和学生的学习水平。对话课堂可以划分为三种对话形式:师生对话、生生对话、生本对话。其中师生对话是主要的组成部分,教师和学生通过探讨某些问题,从而让学生掌握知识。生生对话是学生倾听其他同伴的意见,与其他同伴交流,对个体差异加以弥补,共享他人的思维成果。生本对话是学生与文本展开对话,这是阐释性对话,是学生对文本的理解。

基于互联网的对话,课堂教学打破了现实课堂的束缚,使学生可以在任何时间、任何地方从自己的学习需求出发展开对话。教师可以在学习平台发布自身的任务,学生可以直接在平台上留下问题,教师进行在线解答。除此之外,当学生在学习社区等地方进行阅读时,也可以与其他同学分享自己的想法,实现思维共享。

(二)从封闭课堂转向开放课堂

封闭的课堂不仅指的是课堂环境的封闭,更指的是课堂各个部分的封闭,主要表现在问题、经验、思维、教师交往等层面。

在网络背景下,每个人都在通过网络获取信息,教师与学生也不例外。对于学生而言,互联网让他们接触了各种信息,逐渐提升了他们的认知水平,产生了更多的新思维。对于教师而言,互联网也让他们不断革新自己的教学方法,增加自己的知识储备,加强与其他教师的合作等。

开放课堂就是运用互联网资源,打破传统课堂的时空限制,将教师、学生从教材中解放出来,实现师生、生生之间的互动与合作,培养学生树立独立思维意识。开放课堂相比于封闭课堂,经验、问题、思维等都变得更为开放。现如今,学生可以从不同的渠道获取信息,实现自身新旧经验的碰撞。

(三)从现实课堂转向混合课堂

随着信息技术的发展,优质的网络平台逐渐建立和开放,为学生的多样化学习提供了更多选择余地,也不断促进高校教育教学的进步和发展。传统的现实课堂是单向灌输过程,在有限的时空内,学生不可能将教师讲授的内容全部接受,导致传统的课堂过分注重理论而忽视实践。虽然各种虚拟网络课堂发展迅速,为学生的学习提供了更为广阔的空间,但是由于学生缺乏学习主动性,对自己的管理也不严格,导致虚拟课堂也出现了很多弊端。因此,将现实课堂与虚拟课堂相融合的混合课堂才是首选。

混合课堂是融合了现实与虚拟、线上与线下的模式,能够拓展学生的学习时空,发挥教师的辅助与引导作用,让学生获取更为优质的资源,培养学生的实践能力。

在当前的高校教育教学中,混合课堂的应用主要有如下几个步骤:

第一,通过学习平台为学生布置任务,让学生观看短视频,自主搜集下一堂课所要学习的内容。

第二,在课堂上,学生可以展示自己的学习结果,也可以提出学习中的问题,在课堂上展开探讨。

二、构建智慧课堂

网络教育创造了多种教育手段,其中智慧课堂就是其中的一种重要模式。智慧课堂即依靠智能化技术,发挥教师与学生的智慧,对传统课堂教学模式加以优化。

智慧课堂要求以智慧教学环境作为支撑,这些智慧教学环境包括智慧校园网、学习资源平台,核心在于通过网络或者移动终端,接入学习内容,展示学习活动,更新与共享学习内容等。智慧教学环境可以实现真实情境的创建,实现学习协作,还可以推动个性化的学习资源。

（一）课前学习阶段

在课堂开始之前,教师可以通过网络问卷、测评等,对学生的学习需求加以了解,从学生的学习需求出发,教师为学生提供学习资源,制定学习任务。智慧的学习不仅包括习得知识、获得技能,还包括提升学生的思维与文化素养。

（二）课堂学习阶段

在课堂进行中，智慧课堂教学要求发挥教师的智慧，运用先进科技，让学生主动探究。在课前检测阶段，可以通过在线测评，对学生的学习情况进行评估，从而设置自己教学的重难点。教学的重难点需要教师给予一定的指导，同时可以组成小组进行协作学习。教师可以运用网络平台发布一些探究学习任务，如从影视人物的对话中分析中西思维差异等。

在智慧课堂中，教师可以运用在线网络和移动终端，对学生展开形成性评估。这是通过对学生学习过程的观察与记录，对学生的学习效果进行监测，激发学生的学习。

（三）课后学习阶段

首先，在课堂结束之后，教师需要评价学生的学习成果。基于网络学习平台中设置的"学习记录"模块，对学生的学习情况加以记录。

其次，在评价的基础上展开个性化反馈，为学生设置个性化的作业，如果学生在学习中遇到问题，教师可以进行有针对性的辅导。

三、应用数字资源

在高校教学实践中，如果能够合理利用新型资源，则有助于改善高校学习结果。现代社会中的数字资源即新型资源，数字资源对于当代人来说是非常便利的，并且其资源非常广泛。但是，无论资源多么庞大，只有将其运用到恰当的领域中，才能彰显其价值。

高校教育教学应该充分借助数字资源的优势进行教学创新，具体来说，可以从如下几点展开。

（一）积极搭建数字化教学平台

随着互联网的普及，现阶段的高校学生对于电子设备、网络都非常依赖，因此可以借助信息技术来搭建数字化教学平台。数字化教学模式改变了传统的时空的问题，能够为学生提供更为便利的平台。数字化模式不仅限于课堂的学习，高校教师还应该为学生搭建数字化平台，在搭建平台时，教师应该从社会的需要出发，制定高端的教学目标，建立科学的教学体系,实现数字化模式的创新。

另外,教师还可以创建微信公众号,定期发布一些学习内容,做好对公众号的维护,让学生在课堂之外能够感受到学习氛围。当然,教师也需要做好监督的工作,帮助学生提升自身的自主学习能力。

（二）创新教学手段

在数字化背景下,高校教师应该充分利用数字化设备,借鉴不同的教学模式,为学生解释知识与内容。在教学手段上,教师可以采取线上体验式教学。传统的体验式教学大多是线下的,而现在加入线上设备,使得体验式教学的选择更为丰富、更具有探究性,同时激发学生对知识的探究意识。

（三）创新教学内容

教师在开展教学之前,除了梳理本节课需要讲授的知识,还需要进行课外拓展。如果数字化设备仅仅是将书本知识搬到网络上,这样就丧失了数字化教学的意义,因此教师应该对教学内容加以丰富,提升教学的趣味性与全面性。

四、构建网络文明

（一）网络文明与网络道德

道德和网络道德并不是完全不同的两个概念,从内涵上看,道德和网络道德都是一种特殊的社会现象,是社会发展的产物,都是以社会意识的方式存在的。道德和网络道德之间存在着一定的联系:道德和网络道德都是调节人与人之间及人与社会之间的关系的行为规范;道德是网络道德的基础和前提,网络道德的形成和发展离不开道德,网络道德在以道德为基础的前提下在网络社会中同样能体现出客观规律的要求。虽然网络道德是对道德的延伸与发展,但是它又不完全等同于道德,网络道德和道德之间是存在区别的。首先,道德和网络道德的适用范围不同。道德的适用范围更加广泛一些,它贯穿于人类精神的各个领域,其中就包含网络社会。网络道德则是专门为规范网络社会的秩序制定的规范准则,只适用于对网络行为进行规范调节。其次,承载道德和网络道德的主体不同。道德的主体是现实社会中的每一个人,现实社会个人身份可以通过其经济状况、知识水平、社会地位等因素直接确认，而网络道德，由于网络自身的隐匿性导致网络道德主体具有不确定性，对网络道德主体的确认有一定难度。最后，道德和网络道德实现环境不同。在现实社会中，交往的对象大都是亲人、朋友、同学、教师等熟人，道德能够依靠他律手段（社会舆论、法律制裁、传统习俗）发挥强大的震慑力。在网络社会中，人与人之间的关系是虚拟的，摆脱了现实社会中人与人之间复杂关系的束缚，网络道德发挥其约束作用的难度加大，网络道德更多的是靠个人信念来发挥作用。

大学生作为我国网民结构的重要主体，校园网络也相应成为网络文明建设的重要阵地。

首先，在校园实施以网络道德建设为重点的网络文明建设，要进行正确的网络观教育。行为是思想的反映，行为受思想控制，有什么样的网络观也就有相应的行为。在自由的网络社会里，面对日新月异的信息和资源，网民形成形形色色的网络观。部分学生对网络黑客、不文明行为的认识存在偏差，崇拜黑客，把制造电脑病毒、破坏他人电脑系统当作宣扬和炫耀自己"才华"的表现。树立正确的网络观，对学生网络文明教育大有裨益。

其次，实施以网络道德为重点的学生网络文明建设，还应该对学生进行爱国主义和社会主义教育。网络时代信息高速公路的畅通，为不同社会意识形态和思想文化的传播和扩张大开方便之门，对网民传统的道德认知形成冲击。现在，网络间谍的存在已经成为公开秘密，某些别有用心的国家，利用网络窃取我国机密，破坏我国安全。同时利用网络进行意识形态输出、渗透，对我国实施和平演变策略，利用所谓的"人权、民主、自由"等问题对我国进行攻击、诋毁，企图侵蚀社会主义的意识形态。而在国内，有些人禁不住诱惑，出卖国家机密，损害国家利益，在网上抹黑社会主义制度，鼓吹资本主义意识形态。这些现象都值得警惕。网络世界已经成为现代人生活的一部分，也将整个世界紧密地联系在一起，对学生的爱国主义和社会主义教育的触角也应该伸到网络世界中去。因此，在提倡尊重社会个体网络行为自由的同时，必须对广大学生展开爱国主义和社会主义教育，同时可以充分利用网络载体本身的传播优势，丰富教育内容和教育形式，提高教育水平和效益。

（二）网络文明教育的形式

历史上著名的教育家都十分重视道德教育,他们或通过实践和言论,或通过著书立说,提出了许多优秀的理论方法。例如,环境熏陶法、言传身教法、迎头棒喝法、感化教育法等。在前人的基础上,今天的教育理论工作者提出了自己的道德教育方法。然而,虚拟网络社会的道德与现实社会道德有着本质的不同,其道德教育的方法需要有所借鉴与创新。根据网络社会道德的状况、特点和性质以及道德教育的一般过程和规律,以下几种道德教育的方法在网络社会应予以重视。

1. 立体、多面、交互式的网络道德教育

首先,充分发挥家庭教育的作用,以网络环境的新视角来重新诠释家庭教育的内涵。人们以往都倾向于把家庭教育作为学校教育的补充,但网络环境的变化正使家庭教育的职能发生改变——由学校道德教育的"配角"变成网络环境下社会道德教育的"主角"。随着家用电脑的普及,家庭正在成为学生接触网络最便捷、时间最长的场所。由于场所的固定性,家长往往忽略对孩子上网冲浪"方向"的把握,加之网络技能的缺乏和对网络的认识不够全面,许多家长往往产生孩子在家里上网是最安全的这样一种错觉。家长网络知识的缺乏不仅直接影响到对学生家庭网络活动的监管,同时因缺少共同语言,他们也难以在网络道德教育问题上与孩子形成良好的代际交流,从而无法与孩子形成融洽的关系,也很难和他们进行有效的沟通,自然也就谈不上为孩子提供有效的支持与帮助。

其次,注重网络教育与其他社会教育内容的结合。在其他的社会教育内容中,公民道德教育和青春期教育在内容上与网络道德教育之间有很强的互补性。从总体上看,公民教育是社会网络道德教育的基础,培养合格的社会公民是道德教育的最基本目标。社会网络德育中所推崇的自律道德人格和所倡导的"慎独"境界,不仅是网络环境走上良性发展轨道的基础,而且是公民道德发展的最佳境界。把网络道德教育的内容写入公民道德教育,可以丰富和充实公民道德教育内容,使其更具有时代特点,同时也使社会网络德育的目标在公民教育中得到体现和细化。

最后,建立社会网络德育的社会支持与辅助系统。社会网络德育不同于学校道德教育的另一个显著特点,在于社会的网络道德教育必须充分调动社会各个阶层教育力量的广泛参与。网络的社会道德教育除了要有正规的社会教育机构参与之外,还必须有社区和公共服务机构的协作与支持。其中,专业化的心理辅导与心理危机求助热线可以起到更重要的作用。社会支持和辅助系统的一个重要组成部分,就是面向社会的心理咨询机构和心理危机的求助体系。目前虽然在社会上已经有许多心理咨询机构,但这些机构都属于一般性的心理咨询机构,到目前为止,国内尚没有专门的以网络环境下大学生心理问题为干预对象的专业咨询机构。随着因网络活动而引发的大学生心理问题的增多,社会和学校对专门的心理辅导和咨询机构的需求也在增加。一方面网络交往的虚拟性引发了大学生个性发展中的一系列问题,如角色混乱、人际疏远、道德情感冷漠等问题势必以直接或间接的方式影响大学生道德人格的成长;另一方面,网络多元文化的冲击使个体经常处于矛盾的、相互冲突的道德选择中,对人格的成长造成强大的挤压和扭曲。此外,不良的网络习惯也诱发了一些轻度的变态反应和行为,如网络依赖和上网成瘾等。因此,建立专门的以网络活动为干预对象的心理咨询机构已势在必行。随着大学生网络活动的增加和网络环境的日益复杂化,大学生将面临更多的内心冲突与心理困扰,他们也迫切需要得到一些安全可信、具有专业性和针对性的心理辅导方面的帮助。

除了建立以接待来访者的形式提供心理帮助的正规咨询机构以外,也可以充分利用现有网络资源建立专门的网络心理辅导网站,为大学生解疑释惑,帮助他们解决在网络活动中产生的各种心理问题。另外,也可尝试设立网络心理危机的紧急救助热线,及时排解大学生在网络活动中发生的心理危机。尽管心理咨询和道德教育在理论上不属于同一层面,其个别的咨询原则同道德教育的原则尚不乏抵牾之处,但是心理咨询的一切工作以来访者为中心,真诚、通情、关注的咨询原则却是与德育工作的基本要求相一致的,况且心理问题的解决本身就能为良好道德人格的培养打下坚实的基础,也是在网络社会德育过程正确处理"德育"与"心育"关系的集中体现。由于大学生强烈的好奇心和求知欲以及网络本身所具有的自由、开放的特性,我们没有办法,也不可能将大学生同网络这个"潘多拉魔盒"相隔离。他们要试探着以各种方式打开进入网络这个魔盒,这是时代发展的必然。政府和社会无论是从道德教育的角度,还是从社会责任的视阈,都有责任在他们触及这个魔盒以前,详尽告知他们盒子里装的是什么东西以及打开这个魔盒后所面临的后果,教会他们在泥沙俱下、良莠不齐的网络里学会辨别和选择。我们的社会和政府更有责任和义务保证当他们暴露在这些病毒和魔幻面前时,无论是在心理上还是道德上,都已经形成强大的抵抗力和免疫力。

另外,加强大学生性教育可以在一定程度上缓解网上不良信息对大学生的冲击,采取专业网站和热线电话的方式解答大学生所遇到的与性相关的生理和心理上的困惑,消除他们因网络影响出现的性观念和认识上的混乱。

2. 关注社会环境,培养良好社会风气

目前,健康的、具有教育功能的网站却缺少点击率。家长、教师等不能一味地堵塞孩子接触网络的通道,而应主动地关注网络环境中出现的新事物。了解掌握一批能吸引学生"眼球"的绿色网站,在网上对他们进行生动活泼的教育,用喜闻乐见、深入浅出的内容吸引孩子。

国家和社会是否有有力的网络管理机制,网络及相关事业的发展是否有序,是关系到每名大学生成长的事。自从网络诞生以来,网络犯罪就成为网络发展的伴生物。网络犯罪蔓延迅速,涉及面广,隐蔽性强,危害性大,已经成为网络社会的一颗毒瘤。现在我们国家正在组织有关方面加大对网络的管理力度,加大对犯罪的打击力度,各种措施相继出台。我们要引导和规范相结合,使大学生养成良好的用"脑"和上网习惯,使其有防范意识,认清现实生活和网络世界的区别,培养他们的网络道德意识。

社会风气会对人的心理和行为起最终的影响决定作用。网络社会中大量违规和犯罪行为的发生,其社会方面的深层原因是社会风气不够好。培养一种良好的社会风气,让人们在这个氛围中相互激励、感染、监督和指正,整个社会就能得到更快的进步和发展,就能让真善美得到赞誉和发扬,假恶丑得到斥责和抑制,从而促使人们自觉地去恶扬善。一种社会风气和在这种风气中形成的心理、行为习惯、风俗等都能深刻地影响人的行为心理。良好的社会风气是一种榜样,是一种熏陶,是一种优良的心理环境。它的影响是全方位的,是深刻而持久的。

3. 具体问题具体分析,培养网际德性

网络问题的关键不在网络本身,而在使用网络的有思想有意识的大学生身上。没有规矩不成方圆。若期望大学生能成为一名好的"网民",必须首先让他知道一个好网民的标准是什么,他应遵守什么样的网络道德规范。学校在对学生进行计算机技术教育的同时,也应担负起相应的网络德育职责。

除了加强现实道德的规范教育外,我们还应对大学生个体加强网际德行的培养。"网际德行"是指人们在网际交往中应该具有的道德品质,如诚信、公正、平等、责任感等。应该说,网络生活是现实生活的延伸:"网际德行"来源于"现实德行",又不完全等同于"现实德行"。在网络环境中也存在着被公认的网络伦理规范。比如,在虚拟生活中,遵守你在真实生活中所依照的标准;知晓你处于网络空间的何处以及令自己表现良好、尊重他人隐私,不要滥用你的权利、宽容他人的错误等。

在网络环境中,大学生仅仅了解网际交往的道德准则是不够的,关键在于践行,在于德行的养成。结合网络交际的特征,大学生个体网际德性的培养宜有所偏重,主要包括如下:第一,要经常反省自己,克制自己,要通过反省以发现和找出自己思想和行为中的不良倾向、毛病和坏习惯,然后克服改正;第二,要学会小心谨慎与道德自律,由于网络的虚拟性,个体上网者可以摆脱他人或舆论的要求和指责,在一个无人监管的空间任意而为,在各种具有现实约束力的外在行为规范不被重视的情况下,上网者的随心所欲将会带来普遍的网际德性的缺失。

在帮助大学生养成网络自律习惯的同时,也要注重培养他们的道德选择能力。网络社会多元道德价值观并存,价值观冲突不可避免,因此个体必须学会以批判的态度审视各种道德观和价值观,根据所处的情境做出自己的道德思考、判断和选择。只有这样,网络资源才能得到合理利用。

第四节　网络时代下高校教育管理的创新模式

一、完善高校网络教学体系

实现互联网时代高校教育管理模式改革的首要步骤就是,完善高校网络教学体系,引进先进的网络化设备,实现校园网络的全面覆盖,保障网络的稳定性,逐步地完善高校网络的体系构建,为学生建立起绿色的上网环境,使高校学生能够放心地使用网络进行学习,使网络时代的高校教学管理对学生的学习与生活起到良性的影响作用。

二、改变教师的教学理念

在网络时代背景下,高校教育教学应该改变传统的教学观念。我国传统的教学往往以教师作为中心。在教学中,学生往往是被动地学习,教师对整个课堂教学进行控制。这种教学形式不能被完全否定,其也是存在可取之处的,如对知识系统的传授是较为完整的,但是其也不可否认有弊端,即忽视了学生的主体地位,忽视了学生内心的改变,因此在培养学生独立性与创新性层面存在着明显的不足。

网络时代背景下的高校教育教学就是要将学生的主体性充分发挥出来,让他们敢于创造,让学生真正成为知识的主体与建构者,而不是被动的接受者。教师应该逐渐成为课堂的指导者与组织者,引导学生对意义加以建构,而不仅仅是主宰者与灌输者。因此,无论对于教师、学生还是管理人员而言,都应该改变传统的教与学观念,从以教师为中心转向以学生为中心,从完全的课堂教学转向计算机自主学习。传统的计算机辅助教学仅仅改变了教学手段,因此计算机仅仅是一种辅助工具,未能改变教学内容、教学结构等。网络时代背景下的高校教育教学是运用网络创造理想化的学习方法与环境。同时,教师也应该改变传统观念,不能仅仅将信息技术视作辅助的工具,而应该强调将信息技术视作学生自主学习与情感激发的工具,将其看成课程的一部分。

三、提高管理队伍的网络化水平

高校管理队伍的网络化水平直接影响着信息化技术在高校教学中发挥的作用,因此应努力提高高校管理队伍的网络化水平,对高校管理队伍进行统一的信息化技术培训,使其紧跟时代的发展,对管理系统进行不断的创新和完善,为更高效、更精确的管理系统的形成提供重要的技术支撑。除此之外,还应在信息化技术培训中潜移默化地提升高校管理队伍对信息技术的认识,使管理队伍能够主动地提升自己的能力,不断从外界学习相关理论知识,并对自身的管理系统进行反思和探索。通过不断地提升管理队伍的网络化水平,使信息化技术培训发挥最大的意义与价值。

四、设立综合性的服务系统

在各高校的运行中,服务系统是必不可少的。各高校应该充分地利用网络服务平台,使教师或学生能够更加方便地获取相应的信息。例如,在学校开展的实践活动中,可以设立人员信息中心,使举办活动的管理者能够更加便捷地了解到每个人的基本信息,并能够及时联系到相关人员。此外,这种综合服务系统可以通过利用查询机的形式,设立在学校的教学楼门口,这是因为这一地方的位置较为明显,能够使需要的人更加快速地找到并查询相关信息。

五、设立网络化的考勤系统

除了以上几种不同类型的管理系统,各高校还有必要对学生的学籍进行严格的管理和审查,通过利用网络化的信息系统,能够保证学籍信息的完整性和准确性。在此基础上,各高校可以将学生的日常学习情况通过考勤系统进行整理和录入,这种方式能够从更全面的角度去评价学生的在校行为和学习情况,而这两点直接影响了学校校风和校纪的完善情况,因此各高校要重视考核系统的设立,对学校的风气和氛围进行全面完善和提升。严格的考勤系统能够在很大程度上保证学生的上课次数,通过提高学生的上课次数,使学生能够养成规律的学习习惯。因此,这种方式为学生未来的发展和学校体系的不断完善提供了有利的前提条件。

第三章　网络时代下高校教育教学管理

科技不断发展,网络不断普及,给人们的生产生活带来了巨大改变。就当代高校教育教学管理来说,网络时代的到来给高校教育教学管理的创新与实践带来了新的思路。进入网络时代,高校教育教学系统也发生了变革。可见,网络技术对于高校教育教学制度的渗透是非常大的。在网络时代背景下,高校教育教学管理也需要不断创新。本章就从教学目标、教学原则、专业设置、教学组织、课程建设与实践教学几大层面展开分析。

第一节　高校教育教学管理的目的与原则

一、高校教育教学管理的目的

高校教育系统存在着两个不同层次的目的:培养人是高校教育的实质性目的,高校教育系统的一切工作(包括管理工作)都必须围绕这一目的展开;对高校教育系统中各种关系和资源的协调构成了高校教育管理的目的,通过有效的管理,能确保高校教育实质性目的的实现。因此,不论是宏观的高校教育管理,还是微观的高校教育管理,都已包含在这样的概念中:宏观高校教育管理所依据的是国家总的教育发展方针、教育基本规律和社会发展背景,通过行政的、立法的、经济的、评估的手段进行协调和控制,最终实现高校教育培养人才、促进科技发展等目标;微观高校教育管理是在宏观高校教育管理的背景下,依据某一方面教育教学规律而实施的对某一子系统的矛盾和关系的协调,实现高校教育系统部分目标的过程。

高校教育管理是指实施高校教育活动的高校依据高校教育目的和高校教育发展的一般规律,有意识地调节高校内外的各种关系和资源,有效地达到既定的高校教育培养各级各类高层次专门人才的目的的过程。

二、高校教育教学管理的原则

(一)民主性原则

教学管理人员要充分发扬民主作风,调动全体教师的积极性、主动性和创造性,共同参与教学管理工作;要尊重教师,尊重教师的劳动成果,为教师提供发表意见和建议的机会。同时,要积极引导学生参与教学管理活动,在教学管理中培养他们的自主自理能力,真正发挥好教学工作中教师的主导作用和学生的主体作用,体现教育以人为本、以教育为本的高校管理理念。

(二)科学性原则

必须以科学理论为指导,遵循教育、教学和管理的客观规律,以科学的态度研究处理教学管理中的问题,并善于运用现代科学技术和手段管理学校的教学工作。

(三)教育性原则

教学管理中要对教师提出两点基本要求,一是教师应以身作则,为人师表;二是教师在教学中既要重视知识传授,又要重视学生的思想品德教育。

(四)整体性原则

以系统理论和现代管理理论为指导,建立合理的教学管理系统结构,坚持以教学为主,全面安排,分化管理层次,明确管理权限和职责。

(五)规范性原则

建立良好的校风(领导的作风、教师的教风、学生的学风),建立和健全各项教学管理规章制度,明确各教学环节的教学质量要求和比较科学、实际的衡量标准,使教学管理工作制度化、规范化、科学化。

（六）程序性原则

教学管理要抓住主要环节,实行程序控制、阶段把关、全过程管理,做到管理工作的程序化;教学管理必须讲究效率和效果,把定量管理和定性管理结合起来。

（七）主体性原则

教学管理部门和教学管理人员是教学管理的主体,教学管理队伍自身素质的高低,直接决定了教学管理的效果。因此,教学管理人员要加强业务知识的学习和自身修养的提高,具备教育学、心理学、管理学的基本知识,熟悉教育法律法规,依法办事,科学管理,并善于将管理与服务有机地统一起来。

第二节　高校教育专业设置与教学组织研究

一、高校专业设置研究

（一）高校课程设置方面的问题

与职业院校培养"专才"的目标不同,高校教育培养的是"通才"。目前,我国高校对各类专业的课程设置在内容上覆盖面较广,但是课程设置的创新程度不高,并且实践类的课程设置较为缺少。随着经济全球化的趋势日益明显,知识经济和建设创新型国家对高校人才培养提出了更高的要求,高校各专业的课程设置必须与时俱进、积极调整。[①]

1.重视理论课程而忽视实践课程

目前,我国高校专业课程设置主要以理论课程为主,而以实践为目标的课程不足。实践课程是考查学生理论知识消化效果,巩固学生理解知识和提升实践应用能力的有效方法。但多数高校实践环节设置不成

---

① 仲耀黎.高职院校教育教学管理[M].合肥:中国科学技术大学出版社,2010:73-76.

系统,安排零散。由于许多学校对学生有发表论文的要求,更使得学生在理论知识上付出的努力要远远多于实践。而如果没有针对性的实践课程对知识进行梳理和检验,将使学生对所学知识理解不到位,甚至出现刚学就忘的现象。学生理论知识学得不扎实,实践能力未能得到有效锻炼,使其在毕业时很难找到满意的工作岗位,即便勉强进入理想企业,学生也可能很难在工作岗位上得心应手。

2. 不能充分体现对创新能力的要求

虽然许多高校开始重视课程设置的多样化,开始加入一些具有特色、旨在培养学生兴趣的选修课,但加入的选修课仍然存在跨专业性不强的问题,很难满足培养学生创新能力和提高学生综合素质能力的要求。各专业的课程设置应特别注重对学生综合能力的培养,如领导能力、沟通能力、团队协作能力、环境适应能力、创新能力等。创新精神作为综合素质教育中最重要的一部分,在我国高校专业课程设置中并未得到充分体现,多数课程设置只重视基础知识,而缺少人文知识、实践知识和跨专业知识,这不仅会降低学生学习的积极性,也会影响学生综合素质的提高。

3. 课程更新慢、信息量小、与实际脱节

我国高校专业的课程内容存在长时间固定不变、教材内容陈旧、信息量小、与实际工作严重脱节等问题。课程内容的更新成为影响专业发展的重要瓶颈。高校教育人才不仅要有较强的适应能力,还应有适应知识经济社会和建设创新型国家的创新能力,因此课程设置的更新显得尤为重要。①

4. 课程价值的取向不明确

作为一个特殊的教育类型,高校教育在专业技术型人才培养方面发挥了十分重要的作用。和其他教育活动相比,高校教育也有许多与众不同的特点,这是由其本身的生产性、职业性和社会性共同决定的。高校教育的课程内容主要是将特定工作过程的知识传授给学生,开展形式以校企合作、工学结合为主。

---

① 周加灿,郑雪琴.影响高等学校教学质量的因素分析与对策研究[J].教育评论,2017(12):76-80.

在对人才进行培养的社会教育实践中,高校教育注重职业定向性,其培养目标是培养学生的职业能力。

目前,我国高校教育课程体系的价值取向存在两种类型:

一是学科知识本身。这种课程强调知识的系统性和完整性,往往忽视了学生的个性特征与实际情况,漠视学生个体的终身发展、全面发展和兴趣。同时,专业技术能力与专业课程实施之间存在的张力较大,未能根据学生素养与能力形成清晰的逻辑,以开展更多的实习、实训与实验活动。此外,课程评价未能与普通教育区别开来,没有形成自己的特殊性,且十分强调学生掌握科学知识的程度,对学生掌握能力这一硬性要求却忽视了。

二是将能力作为中心。在国外这种价值取向的课程体系已经得到成功应用,但在国内还处于概念层次,这是经济、文化、政治、国情差异等多方因素共同作用的结果。高校教育的学科式课程体系不论是在结构上,还是在内容上都具备显著的压缩性与简约化,也并未将解决实际问题作为理论教学的标准;作为课程开发的主体,在课程开发的过程中,高校院校并未与企业和政府进行深入交流与沟通,由此导致课程的开发、实施等都未将实践性与合作性体现出来;课程的内容没有将企业的实际生产需求纳入考虑,也没有体现工作岗位与任务这个载体,更没对工作与知识进行良好的整合。

(二)高校专业设置的意义

1.对经济和社会发展的影响

教育一方面受到经济和社会发展的制约,另一方面又对经济和社会发展产生影响,这种影响较多地表现为专业设置对经济和社会发展的影响,特别是与经济和社会发展关系十分密切的高校教育。

第一,高校教育的专业设置影响劳动力的就业结构。由于专业与人才数量、质量上的连带关系,专业设置直接影响了劳动力的专业结构。

第二,高校教育的专业设置影响产业结构。一个产业的发展最重要的是市场的前景,其中包括人力资源市场的前景。一方面,人力资源的专业走向引导了产业结构的变化方向;另一方面,产业结构的需求也推动了专业结构的调整。

第三,高校教育的专业设置影响技术结构。技术的发展与专业的发展相辅相成,专业设置也影响到技术结构的变化。

2.对高校教育教学工作的影响

第一,专业设置关系着培养目标的具体落实。社会职业千差万别,需要的人才也是各式各样的,不同的专门人才只能由不同的专业来培养;不同的人才规格由不同的业务范围去体现、实施和落实。因此,专业设置是专业培养目标得以落实的前提。

第二,专业设置关系着师资队伍建设。高校的师资队伍是按照专业进行配备的,除了文化基础课教师外,专业基础课教师、专业技术课教师和实习指导教师,均需依据专业性质进行配备或培养。师资队伍建设一旦脱离专业设置,就不可能形成合理的结构,也就无从谈起专业人才的培养。

第三,专业设置关系着教学设施、设备的购置与配备。不同的专业对教学设施、设备的要求是不同的,教学设备的配备、实验仪器的购置、专业教室的设置和实习基地的建设等,取决于专业的性质。只有明确了学校的专业设置,才能有针对性地配备不同品种、不同规格和不同数量的仪器设备。

第四,专业设置关系着教学文件的制订。培养方案、教学计划、教学大纲是教学的重要文件,而培养方案、教学计划和教学大纲必须根据专业的培养目标去设计、制订和编写。教材的选定与编写、理论教学与实践教学的课时比例安排等,也都因专业的不同而有明显的区别。

(三)高校专业设置的基本原则

1.适应社会需要和就业导向原则

要按照社会、行业和企业的实际需求,调整专业设置,改革办学模式和人才培养模式,不能只根据本校办学条件来决定专业设置,不能按学科教育模式培养高技能人才。那些社会需求不大、办学定位不明确、办学特色不突出、就业率低的现设专业要坚决予以调整。今后新增专业要重点发展振兴经济相关的急需专业,特别是与区域经济主导产业相关的专业。

2. 凸显特色和保证质量原则

高校教育专业要具有高校教育的鲜明特色并具备相应的满足教学需要的师资、设备、设施等必备的办学条件,特别是要具有校内外专职、兼职结合的教师队伍及稳定的校内外实习基地,以保证办学质量。专业的师资和实训条件必须保证"双证书"教育,即学历文凭证书和职业资格证书教育共同实施。调整后的专业能够在以就业为导向的高校教育办学特色中体现专业办学水平和办学质量。

3. 效益和规范管理原则

专业设置要力求体现集约化与最优化的资源配置,以最少的投入培养最多、最好的人才,求得专业教育的高效益,即在一定的教育投入和运行成本的前提下,力争取得专业教育的最高效率、最佳效果和最大效益。从一个地区来看,要尽量使专业布局合理,减少不必要的重复设置,以利于统筹规划,提高办学效益。专业调整要有利于加强高校教育的规范和管理。

（四）高校专业建设与改革

要建立以重点专业为龙头、相关专业为支撑的专业群,辐射服务面向的区域(行业、企业),促进学生就业,推动专业整体建设与发展。

学校各专业或专业群要成立由专业带头人、骨干教师、行业企业专家组成的专业教学委员会,发挥其作用,加强专业内涵建设,制定科学的专业人才培养方案。

专业人才培养方案要将工学结合、校企合作作为人才培养模式改革的切入点,引导课程设置、教学内容和教学方法改革,特别要不断开发、建设核心课程。教学过程要突出实践性、开放性和职业性。

专业人才培养方案包括以下内容:

（1）专业名称。

（2）教育类型及学历层次。

（3）入学条件。

（4）学制。

（5）职业面向(主要就业单位、主要就业部门、可从事的工作岗位)。

（6）工作任务与职业能力。

（7）培养目标（能力目标、知识目标、素质目标）。

（8）应取得的资格证书及等级。

（9）学生应修学分或应修课程。

（10）核心课程设置（核心课程及教学要求、主要职业技能训练及教学要求）。

（11）教学进程（教学周期表、课程及实践教学环节学时学分表）。

（12）各类课程学时分配（各类课程学时结构、理论教学与实践教学学时结构）。

（13）专业教师（含实训指导教师）任职资格，具体要求包括专业、学历、技术职称、工作态度、实践能力等。

（14）实训要求。

（15）专业教学建设。

要紧密联系行业、企业，加强校企合作，不断改善实训实习基地条件。要加强学生的生产实习和社会实践，积极探索校内生产性实训基地建设的校企合作模式。要加强校外顶岗实习工作，结合不同专业特点，制定学生顶岗实习管理办法，确保顶岗实习工作具有实效，保证在校生至少有半年时间到企业等用人单位顶岗实习。

加强课程建设与改革。依据技术领域和职业岗位的任职要求，参照相关的职业资格标准设置课程体系和选择教学内容。突出核心课程建设，要明确并重点建设与职业资格证书标准相衔接的核心课程体系，依据职业岗位对知识、能力、素质的要求，按工作过程项目导向、任务驱动等方式设计教学内容。

根据人才培养模式改革的需要，加强专兼结合的专业教学团队建设。要制订"双师"结构的专业教学团队建设规划，制定提高专任教师的综合职业素养与实践教学能力的政策、措施和兼职教师队伍建设的规划、措施。

改革教学方法与手段。设计"教、学、做"一体的情境教学方法，使用灵活多样的教学手段，充分利用现代信息技术，重视优质教学资源和网络信息资源的利用与共享。考核方式要灵活、适当，注重校内成绩考核与企业实践考核相结合。

加强教材建设，尤其注重与行业、企业共同开发紧密结合生产实际的实训教材，确保优质教材进入课堂。

二、高校教学组织研究

(一)高校教学组织机构的设置原则

1. 任务与职能相适应的原则

相关职能部门是为了有效地完成高校的工作任务。因此,设置某一组织机构,必须尽可能地将同类工作任务归结到同一管理部门中去,使设置的每一个职能部门都具有明确的职能和管理权。否则,同一事件,这个部门有权管,那个部门也有权处理,就会造成工作彼此冲突,或互相扯皮、推诿,延误任务完成。同时也应注意,不要把互相没有必然联系的几件事放在同一个部门管理。

2. 分工与协作相结合的原则

科学的分工是使管理工作有条不紊的保证,明确责任、落实任务、强化职能是设置高校组织机构的基础。学校管理的任务目标并非某一部门所能完成的,需要各部门的协调与协作。因此,设置高校组织机构,既要考虑合理分工,又要考虑有利于促进协作,明确各部门间的相互关系及协作的内容和范围。

3. 层级与效率相协调的原则

设置高校组织机构的层级应以提高工作效率为原则。层级过多,看似系统性强、管理严密,但工作运行周期长、周转多、效率低;层级过少,则管理幅度增大,工作过程中会出现顾此失彼现象,也会影响工作效率。

4. 精干与高效相统一的原则

设置组织机构,应注意充分发挥每一个部门的效能,力求精干,避免机构臃肿、人浮于事等现象。但"精干"并不等于"越少越好",如果少到该管的工作无人管的程度就不是"精干"了,必须把力求精干与高效率、高质量完成任务统一起来,做到机构精干、工作高效。

（二）高校教学组织管理系统

1. 领导机制

高校可以依据现代管理的基本原理,建立由决策指挥机构、执行机构、参谋咨询机构、民主监督机构、信息反馈机构五个部分组成的教学管理系统,并相互协调同步,形成连续封闭的回路,产生有效的管理活动。校领导班子分工要明确,权限要分明。各位校领导对属于自己职权范围内的事情,在弄清情况的基础上应及时处理,勇于负责,对教学管理的指导思想、政策、规划、改革举措等重大事项应提交校务会议通过民主讨论决定。在提交讨论之前,可以先拿到教学工作委员会上征询意见。为了使校领导的决策正确恰当,学校应建立灵敏有效的信息反馈系统,如各级领导听课制度、定期检查制度、设立教学巡视员和信息员制度等,目的是及时了解真实的情况。

2. 教学管理机构

学校教务处等职能部门要在主管校长领导下开展具体管理工作,主要是两方面的工作:一是具体组织实施教学管理工作,使全校的教学有序地运转起来;二是起参谋部的作用,凡向主管校长汇报或请示问题,必须讲明所请示问题的原委,事实应弄准确,同时为主管校长对此问题决策提出方案,有可能的话尽量提出多种方案,并分析采用某种方案的利弊,以便比较、决策。

在众多教学职能管理部门中,教务处应处于中心地位,其他教学管理部门以及各院、系、部要密切配合教务处的工作。组织部门在考核和选拔其他教学管理部门以及各院、系、部主要负责人时,征求教务处长的意见是必要的。

各院、系的主要工作就是组织教学活动,院长(系、部主任)负责全院(系、部)的全面工作(重点还是教学),他们应具有与本院(系、部)所开设专业相符的高级专业技术职务并是学科的带头人。分管教学的副院长(系、部副主任)主持日常工作并负责具体实施,分管教学的副院长(系、部副主任)至少应具有与本院(系、部)所开设专业相符的高级专业技术职务,熟悉教学业务,能提出学科建设和教学改革的方案。涉及全院(系、部)的重大教学改革举措及活动除在院(系、部)务工作会议上讨论外,还应在教学工作委员会范围内征询专家教授或其他教师、其他人员的意见,与学生关系密切的提案,还可酌情听取学生的意见,尽量做到民主决策。各院、系、部应设教学秘书或教学干事,处理日常性的教学事务工作,他们应熟悉本院、系、部的主要教学业务,人员必须相对稳定,每一任教学秘书或教学干事的任期不宜太短,一般至少四年为宜。

3.参谋咨询机构

建立和健全参谋咨询机构是决策科学的需要和保证。一般高校的参谋咨询系统可由以下几部分组成:

第一,建立各种专门委员会或领导小组。例如,学校专业设置委员会、教学委员会、学位评定委员会、招生委员会、职称聘任领导小组、课程建设领导小组。这些委员会及领导小组可以根据任务和要求的不同,在某一方面成为学校领导的咨询机构和审议机构。一般由校领导担任负责人,依托职能部门为办事机构,从而发挥机关的参谋、管理作用。

第二,建立和健全校、院、系(部)的教学工作委员会。教学工作委员会是由直接从事教学工作、具有丰富教学工作经验的教师和懂得教学工作、有教学专长的管理人员组成,是党委会或校长办公会决策的咨询机构。决策事项提交一定的会议(如校长办公会、校务委员会等)通过民主讨论决定。主管教学的副校长对重大的教学问题,如对专业的增减、调整、设置,教学计划的修订,以及类似涉及教学活动或教师利益变更的举措,在提交党委会或校长办公会讨论之前,应先拿到教学工作委员会上征询意见,使校党委会或校长办公会的决策建立在更扎实的基础上。

(三)高校教学组织实施方案

教师的教学工作通常由钻研课标、备课、上课、作业、辅导、考试等环节组成。

1.钻研课标

课标以纲要的形式规定着有关学科的教学目的、任务、内容、范围、进度、时间分配和教学方法上的具体要求等。通过钻研课标,能使教师从总体上掌握教材体系和教学要求。钻研课标是教师备课的重要组成部分,是上好课的前提。教导处和教研组要对教师钻研课标提出要求,做出规定:首先,对于每门课的教学课标,相关课的任课教师要人手一份并认真阅读领会;其次,应组织教研组进行讨论;最后,可请有经验的教师或专家做辅导报告。

熟悉课标和教材,就是对课标和教材要从具体到抽象、从抽象到具体地去钻研,通过反复比较、分析、综合、概括,联系起来思考研究。对教材中的一些基本概念,要弄清它的内涵和外延;对一些规律性的基本知识,如定理、定律、法则、公式、原理等,要弄清是如何论证或推导出来的以及其运用范围如何等。熟悉教材的过程是一个反复研究、逐步深入地掌握教学内容的过程。

2. 备课

备课质量直接决定着上课质量,教导处和教研组要加强对教师的备课管理。根据我国教育工作者多年来总结的经验,备课应从三个方面进行:

(1)备教材。教材是学生课堂学习的主要文本,是教师授课的主要依据。教师只有吃透教材才能做到上课时胸中有教案,才能更好地驾驭课堂,把课上好。教材是知识的载体,是教师对学生进行教育教学的主要依据,是设计教学安排、编写教案的基础。一切教学活动都必须建立在对教学内容的深刻理解和熟练驾驭的基础上。

(2)备学生。教师讲课的主要目的,是使学生更好地掌握知识,因而要彻底改变那种只见"物"(教材)不见"人"(学生)、"闭门造车"的状况。教师对教材做深入的钻研之后,应该更深入了解学生的实际,做到"知己(教材)知彼(学生)"。在备课时,教师要细心研究,分析学生的个体差异,包括每个人的学习水平、接受能力、学习习惯、学习态度等。针对不同学生,设计出多种教学方案和训练手段,以达到每名学生都能保持较浓的学习兴趣,都有所得。还要充分关注学生兴趣发展中的个性需求,对于不同性格、年龄、经历和生活环境的学生,根据其兴趣上的差异因材施教。只有在深入了解了学生情况的基础上,教师才能使教案切合教学实际,才能做到教学时有的放矢。

(3)备教法。教学方法十分重要,切实可行的教法会产生事半功倍的效果。教学也是一种艺术。同样一门课程,有的教师备受学生欢迎,有的教师导致学生意见挺多;有的教师讲课绘声绘色,让学生兴致盎然;有的教师讲课索然无味,让学生昏昏欲睡。这与教师是否会"教"

有很大关系。所以,在备教材、备学生的基础上,教师要善于从各种教学流派中汲取经验,根据学生的认识规律,选择适当的教学方法。

3. 上课

一堂好课不在于教师教得如何精彩,而在于学生在教师的引导下是如何学的。教师在一堂课的各个环节,要想使学生自始至终保持学习积极性,必须精心设计好教学活动,要时刻关注学生参与活动的态度、学生参与活动的广度和学生参与活动的深度三个方面。

（1）课前热身。教师做好课前几分钟的教学组织时,要尽可能亲切自然。这样可以帮助调整学生的情绪,引导学生集中注意力,抓住他们的兴趣,使他们处于一个快乐的课堂氛围中。热身的方法通常有每周一歌、值日报告、每日新闻、角色扮演、讲故事等。这些形式经常变换,避免学生出现兴趣疲劳。

（2）新课导入。导入是教师引导学生进入教学主题,把握教学重点的首要环节,是教师在传授新的教学内容时,通过建立与教学有关的情景,将学生带入新知识准备状态的一种教学行为。导入是课堂教学关键的一步。教师要力争用巧妙的方法抓住学生的注意力,使学生在最短的时间内进入最佳的学习状态,在轻松的氛围中进行学习。

（3）新知呈现。教师通过导入阶段抓住学生的注意力后,就要进行新知识的呈现。新知呈现是指教师运用不同教学手段向学生展示或解释新的知识内容。根据学生的年龄特点和心理特点,教师要注意运用有效的呈现法,所呈现的内容应该简洁精确,过程要生动形象,语言要准确规范。

4. 作业

作业是使学生深入理解、牢固掌握所学知识的重要手段,是促使学生认知、能力、情感全面协调发展的重要途径。改善学生学习方式,培养学生创新精神、实践能力,不仅要落实在课堂教学中,还必须贯彻于作业训练等各项课外学习活动中。教师备课时应充分考虑如何让学生通过作业真正掌握所学内容。

布置作业时,教师要重点抓住课后习题,要弄清楚教材编排者设计这些练习与习题的目的。课后习题一般代表着学生需要掌握的最基本内容,做好它,可以帮助学生理解、巩固所学知识。另外,教师要根据学生的实际情况,设计能够培养学生能力的更高要求的作业,满足程度较好的学生的需求。无论何种作业,教师都要事先自我练习。尤其是初任教学工作的青年教师,更应为提高自己的教学水平而亲演习题。教师通过亲自做习题,可以有效地避免知识性错误,深刻领会教材的精神实质,发现教材编排的规律,明确其深度和广度,达到提高教学效果的目的。

5. 辅导

辅导是上课的必要补充,对学生知识的查漏补缺有重要作用,也是贯彻因材施教原则的重要途径。辅导应有突出的针对性,通常情况下是抓两头带中间:一是对程度较差、理解教材有困难的学生,应重点辅导。辅导员应首先调动他们的积极性,使之积极思考,其次对教材要由浅入深耐心地向他们讲解;二是对优等生应启发他们寻求多种解题方法,并适当加重作业分量和难度。此外,应指导他们读一些课外书籍。

6. 考试

考试是教学工作的基本环节,是评定学生成绩和了解学生情况的重要途径之一。

考试分平时考和阶段考。平时考是指在上课过程中对某一方面的内容进行测验,它的好处是能及时地了解学生掌握知识的情况。阶段考是指期中或期末总结性的考试。在学生的总成绩中,平时考试成绩应占一定比例,这有利于全面地反映学生的情况。

学校管理者对考试的管理应采取以下措施:掌握试题难易程度和分量,规定教师出 A、B 两套试题,要求教师出好试题标准答案,做好试题保管和保密工作,制定考场规则并组织好考试工作。

第三节　高校教育课程建设与实践教学管理

一、高校教育课程建设

(一)高校课程的划分

高校课程是指高校为实现特定的人才培养目标,在课堂教学、课外学习及自主活动等方面的内容纲要和目标体系,是教师教学工作和学生学习活动的规划和安排的总和。

从理论上来说,高校课程可以理解为是一系列体现教育目标和学校培养目标的课程方案(包括课程原则、目标、类型、模式等),是一系列教学指导,包括教学和训练活动的书面文件或媒体以及教学计划、教学大纲、教材和计算机辅助教学软件等,是一系列活动内容,包括实验、实习、实训、实践、劳动、调研和参观等。从教学活动来说,高校课程可以理解为是学校设置的一门或全部教学科目。

广义的课程包括显性课程和隐性课程。显性课程是指按照教学计划必须学习的课程;隐性课程是指属于教学计划外学生学习的课程,它是学校教育活动中,采用间接的、内隐的方式呈现的课程,如建筑、文化、教室布置、师生关系等。

现代高校课程按照课程内容组织的教育哲学基础和价值准则可分为学科课程、活动课程、能力中心课程和核心课程四类。

1. 学科课程

学科课程,又称"分科课程",是目前学校课程的主体,它以各门科学的知识体系为基础,以学科为中心进行课程设计。学科课程经历了几百年的发展历程。在发展过程中,人们不断加工改造学科课程,为其增添新的内容,使其在形式上更加完善。学科课程以文化遗产和科学为基础,是在这一基础上建立的各学科最传统的课程形态的总称。学科课程具有逻辑性、系统性和简约性,有助于学生学习知识和巩固知识。但是,独立的一门学科课程很少与其他学科相关联,这导致了学科之间相分隔,不能与实际生活相联系,也阻碍了新知识的吸收和新科学的融合,严重影响课程内容的更新。

2. 活动课程

活动课程,又可称为"经验课程"或"生活课程",它是根据学生的兴趣、经验和需要而组织的一系列活动的课程。活动课程的目的在于开发和培育学习主体的价值,突出学习主体。活动课程的主要内容与实际生活和社会有关。这类课程有助于学生进行职业训练,并能与学科性的理论课程相配合。活动课程的主要目的是巩固新学的知识、技能,借助主体与客体之间的相互作用,整合彼此分散的知识、技能,使已学知识、技能能更广泛地进行迁移。高校教育中的实践性教学环节大多采用这种课程类型。这种课程主张学习必须与个人的经验发生联系,尊重学生的主动精神,关注学生的兴趣爱好,重视学生创造能力的培养。但是,这种课程背离了人的发展所必需的文化知识体系和科学所具有的逻辑,忽视了教育活动中的关键性的社会目标,课程内容庞杂,难以适应高校教育的快速发展。

3. 能力中心课程

能力中心课程主要以职业能力为基础,通过职业分析和工作分析,选择岗位工作必需的知识、技能、态度等要素来编制课程。能力中心课程又分为工作任务型和工作规范型。工作任务型按工作任务的总体要求组织胜任该工作任务所必需的知识、技能和态度等。工作规范型按照工作规范中每个操作步骤的具体要求组织和排列相应的知识、技能、态度等。工作规范型适用于熟练工人的培训,工作任务型适用于技术员培训。与工作任务型相比较,工作规范型在课程组织方面更具体,针对性更强。能力中心课程能够使课程内容模块化,一个模块对应一项或几项能力。教学计划根据学生的需求,借助课程模块进行灵活组合。课程模块化有助于课程的个性化发展,避免课程受传统时间框架的约束。通过课程模块化,学生自主决定学习进程,自行选择模块学习先后顺序。

4. 核心课程

核心课程,也可称为"问题课程",是围绕问题来组织课程内容。核心课程与学科课程和活动课程都不相同,它既不以学科体系为中心,也不以学生的活动为中心,而是以解决实际问题的逻辑顺序为主线,将多门学科的知识及技能综合起来。显而易见,核心课程明显地交织了多门学科,这对于知识的综合与创新具有重要的促进作用。核心课程一般都需要提前计划,所有学习活动都从一个社会问题展开,这就避免了学科课程脱离实际,活动课程过分迁就学生兴趣的偏向。

除此之外,高校课程按性质还可分为理论课程和实践课程,按内容可分为基础课程、专业基础课程和专业课程,按呈现方式可分为显性课程和隐性课程。随着科技和经济的发展,高校教育不断变革,高校教育会产生更多的课程类型。

（二）高校课程建设的目标

课程目标,又称"课程标准",是国家意志在课程领域的体现。它由政府或院校制定和颁发,能具体规定教学目标、教材纲要、教学要点、教学时数和编制教材的基本要求。高校教育人才培养的课程目标依据高校教育人才培养目标来制定,将学生的职业能力和技能的形成作为重点内容,使学生在一定的时限内达到预期的标准。

构建高校课程目标是非常有必要的。首先,课程目标是培养高级技术人才的需要。高校教育的教学重心是人才素质的培养与训练,因此应确立与之相应的课程目标。其次,课程目标是课程组织与实施的纲领性文件。课程目标对课程的知识、能力、技能的范围和深度以及结构体系、课程评价标准、课程组织与实施等提出了具体要求,这是取得良好教学效果的必要条件。最后,课程目标是编写教材的重要前提。由于高校教育的专业面广、课程门类多、内容繁杂、专业的地方性强,上级政府部门难以制定统一的课程目标,因此高校教育的课程目标大都由高校根据当地的经济发展及本校教学实际的需要自行制定。不过,在制定课程目标的过程中,最好有课程专家、教学人员、课程管理人员参加,特别是企业、行业中有一定理论水平和实践经验的工程师和技术人员的参与和合作。

高校课程目标设置要具体化。具体化主要体现在两个方面:第一,不论高校教育人才培养的课程目标还是整个高校教育课程开发的工作目标,都必须有明确的指导思想,以便能很好地统领其他各项工作;第二,总目标、分目标等各种目标,都要具体,有针对性,有明确的内涵。课程总目标要尽量标准化,分目标要尽量行为化。课程开发工作要以目标为中心来展开,不能与目标的具体要求偏离太远,也不能搞形式主义。目标必须合理,能充分反映职业结构、岗位要求和学生学习等方面的需求。课程目标具体化还应突出重点,将与职业核心能力形成有直接联系的知识与能力作为重点,并建立相应的指标体系,衡量专业核心能力和核心技术掌握程度。

（三）高校课程建设的内容

1. 对课程内容的理解

长久以来,对于课程内容的理解有三种观点。

（1）课程内容即教材

这是一种比较早、影响相当深远的观点,这种观点把重点放在向学生传递知识上,从而使教学工作有据可依。在世界范围内,课程现代化的历史进程主要是在这种观点影响下展开的。目前,尤其是国内,这种观点具有代表性和广泛性。其基本思想是学校开设的每门课程都是从相应的学科中精心选择的,并且是按照学习者的认识水平加以编排到教材中去的。作为知识的课程内容的表现形式是教学计划、教学大纲、教材等看得见、摸得着的客观存在物。当课程内容被认为是知识取向并付诸实践时,呈现出如下特点:课程具有科学性和逻辑性;课程充分体现了社会选择和社会意志;课程是既定的、静态的;课程凌驾于学习者之上,学习者要服从课程。

（2）课程内容即经验

这种观点主要是在对前一种观点的批评和反思的基础上出现和形成的。如果将课程内容当作知识,极容易导致"重物轻人"的倾向,强调了课程内容的严密、完整、系统、权威,却忽视了学生的实际学习体验和学习过程。因此,许多人在谈到课程内容时,开始使用"经验"一词。一些学者认为,学习经验是学生与外部环境相互作用的结果。课程内容是学生本身获得的某种性质或形态的经验。学生是组织者和参与者。教师的职责就是通过设置各种情境为学生提供有意义的经验。当课程内容被认为是经验的取向并付诸实践时,呈现出以下特点:课程从学生的角度出发,课程与学生的个人经验紧密联系,学生是学习的主体。经验课程跳出了认知的范畴,强调了学习个体的主动性、积极性、选择性以及情感、兴趣、态度。但这种观点设置的课程内容范围过于广泛,混淆了课程与教学的界限,对课程计划的制定没有作用。

（3）课程内容即活动

活动分析法是指伴随着科学技术对社会发展的影响,课程专家通过对人的活动进行研究以识别各种社会需要,并把它们归纳为课程目标,然后把目标转化成学习活动。活动分析法被认为是一种有效的、科学的课程编制方法。活动分析法重视课程与社会生活的结合,注重学生的主体性。活动分析法的课程内容可概括为学生的各种自主活动的总和。学生通过活动对象的相互作用来实现自身的发展。当课程内容被认为是活动取向并付诸实践时,呈现出如下特点:学习者是课程的主体,具有主观能动性;以学生的兴趣、经验、能力及需求为基础开展课程;强调活动要完整,课程要综合;强调活动是人心理发展的基础;重视活动的水平、结构和方式,尤其还需重视学生与课程各因素之间的关系。活动分析法侧重关注学生外在的活动,却无法关注到学生同化课程内容、获得经验的过程,这很容易使学习活动流于形式。

总之,这三种观点都有一定的理论基础,都有一定合理性,但也有各自的缺陷与不足。因此,我们在组织高校教育课程内容时,应同时兼顾学科体系、学习经验和学习活动。

2. 高校教育课程内容的结构

高校教育课程内容的结构是指课程内容各部分的配合、比例和组织及其相互间的纵横关系。它是为完成培养高级技术专门人才任务而设计的蓝图。高校教育课程内容结构可分为外部形态结构和内部形态结构。

外部形态结构包括人文社会科学课程与专业课程结构、基础课程与专业课程的结构模式。人文社会科学课程与专业课程结构包括"H"型结构、"A"型结构、"X"型结构。"H"型结构是指人文社会科学教育与专业教育并行兼施,并要协调和沟通。这种模式一般用于人文社会科学知识要求较高且对学生工作后再提高赋予较大期望值的专业,如新闻、文秘、广告学和财会专业。"A"型结构是指人文社会科学教育与专业教育经过必要的沟通后统一在直接为就业服务的目标上。这种结构模式适用于培养目标明确专一和直接从事某一职业的技术知识及操作技能要求较高的专业,如服装、烹饪和电力机车驾驶等专业。"X"型结构是指从人文社会科学教育与专业教育阶段性统一后再度分流,形成以拓宽专业面、适应广泛就业需要为目标的高层次二元结构。这种结构模式适用于一些职业分工精细,但专业基础课程综合性较强的专业,如机械、电子等。基础课程与专业课程的结构模式包括直线式和阶段式。直线式是在基础课程与专业课程密切结合的基础上,着重向某一专业方向发展,呈直线递进关系。这种结构按不同课程类型有明显的阶段划分,即基础理论、专业理论及专业技术。阶段式是指基础课程与专业课程分段实施。前阶段按产业大类划分专业方向,组织专业基础课教学,后阶段根据社会经济发展需要,有针对性地确定专业和工种,集中学习专业课程和进行技能训练。

内部形态结构包括综合结构和模块结构。高等教育的专业技术课程内容是一种综合结构,必须符合未来复合型人才的培养要求。模块结构是把课程内容编成便于进行各种组合的单元。每个模块都是针对某个职业的多项能力中某一项或几项能力的定向教育,是让受教育者掌握从事某个职业必需的知识、技术和能力。学生既可根据自己的需要选学不同的模块,也可以在教师的指导下对模块做适当增减。

3. 高校教育课程内容结构的构建方向

高校教育课程内容结构必须把握好构建的方向。具体来说,要做到以下几点。

（1）课程内容结构要"宽"

"宽"是指高等教育人才培养的课程内容应从学生的可持续发展出发,让学生学习相关行业、专业岗位所需的各种知识和技能。因为随着科技的进步和社会的发展,职业岗位内涵不断变化,若课程设置专业性过强,就不能满足社会对人才的多样性需求。我们要把握好"宽"的"度",不能片面地追求知识的宽广和技能的精深,而是要培养学生进一步学习职业技术的能力和步入社会后尽快适应不同职业要求的能力。此外,"宽"还体现在学生可根据自己的个性、兴趣并结合市场需求进行多方面的知识和技能的学习,从而为将来就业打牢基础,以保证有能力应对人才市场的各种竞争和变化。

（2）课程内容结构要"活"

"活"是指高校教育课程可根据教学需要设计多个知识模块和技能模块。课程内容结构根据市场需求变化不断进行调整,学生根据自身的特点和个人发展的需要自由选择课程模块,这充分体现了高等教育人才培养的灵活性,既满足了学生终身学习的需要,又考虑了学生实际就业的需求。

（3）课程内容结构要以人为本

以人为本是指高等教育人才培养要坚持学生为主体,课程内容结构设置要以完善学生个体人格,提高学生个体素质为目标。在知识经济时代,学生作为教育的主体,必须具有宽广扎实的知识和技能、健康的职业人格、自主创业的意识、终身发展的能力。这些都是我们在设计高校教育课程内容时必须要考虑的问题。

（四）高校课程建设的原则

1. 课程设置保持稳定性与灵活性相统一

高校课程内容设置既具有稳定性又具有灵活性。一方面,高校课程设置若没有相对的稳定性,那么高校就不能为课程实施做好准备,尤其对于一些师资条件、教学设施落后的学校,若没有相对稳定的课程设置,就难以保证人才培养的质量。另一方面,影响高校教育课程的外部因素不断发生变化,学生的认识不断改变,每名学生的兴趣各不相同,如果试图用原有的课程计划指导当前的教学,那么课程质量就无法被保证,课程设置就显得不合理。因此,高校教育人才课程内容的设置,既要相对稳定,又要有一定的灵活性,只有时刻紧跟科技进步、时代发展、技术革新的步伐,才能培养出现代化建设需要的合格人才。

同时,高校教育人才培养的课程建设是一项长期的工作,需要不断地研究新问题、吸纳新知识、采用新方法,不断检验和调整教学内容,不断丰富课程内涵,根据社会需要的变化及科学技术的发展变化与应用来完善课程的结构和创设新的课程,使课程的设置处于一种动态的发展之中。

2. 课程内容设置保证系统性

高校课程内容设置要紧密围绕人才培养目标来设置,需综合考虑各种因素,满足各方面要求。课程内容设置要考虑学时分配,要设计科学的课时结构,以减少课时浪费,避免内容重复。课程内容设置要参考课程目标,保证设置的课程的可操作性和可实施性。课程内容设置要满足学生技术应用能力和解决问题能力的提升。课程内容设置要注重理论与实践的结合,重新审视已有的教学课程经验,合理整理知识,建构出有特色的课程。此外,高校课程内容设置还应着眼未来发展需要,统筹规划现有资金、人员、设施、制度,积极创造条件,合理利用资源,充分调动各方面积极性,以促使课程系统更加完善,保证课程在有限的时间内获得最好效果。

3.课程内容坚持多样化

课程文件表达形式的有限性必然会限制课程内容的多样性,从而不利于教学目标的实现。因此,高校课程形式要多样化,不能单纯局限于书本,还应包括录音、录像、多媒体,以及通过设计问题和任务来激发和形成解决的愿望和活动的"动态形式"。除此之外,每一种科目都应采用多种表达形式。因为以多种器官接受信息和做出反应的效果,要远远高于单一器官接受的效果,而且现实职业世界是一个动态的世界,因而课程表达形式也就必然是多种多样的。高校教育课程设置除向学生传授最实用的知识和技能,满足生产、建设、服务与管理等一线岗位对高等技术应用型人才的实际工作要求外,还要充分考虑现代社会对人才的综合要求,提高学生的科学文化素质和创新能力。

4.教学课程保证全员参与

高校设置课程时要鼓励与高校教育有关的各类人员积极参与,充分发挥他们的智慧和能力,以构建出符合高校教育教学要求、结构合理、内容新颖实用的有特色的课程体系。课程内容设置需要各类人员的参与,包括各级教育行政部门的领导和课程专家,高校和企业培训机构的广大教师、教学管理人员,以及在校学生和已经在实际工作岗位中工作的毕业生。全员不仅要参与课程设置的各个环节,而且要参与检验、评价、反馈课程开发成果。实践证明,单纯依靠走访、座谈等传统的调研方式难以奏效,必须邀请一部分相关的社会人员参与课程内容设置,与他们共同分析、共同研究,以促成课程内容设置有效完成。

（五）高校教育课程的组织与实施

1. 高校教育课程的组织

（1）学分制

学分制是一种依靠学分衡量学生学业完成状况的课程组织形式。学分制起源于选科制的产生和发展。我国最早提倡学分制的是蔡元培先生,在他任北大校长时首次推行了选科制。随后,东南大学等高校也将学级制改为选科制。直到新中国成立之初,我国大学几乎全部采用学分制。

学分制反映了因材施教的教学原则,有助于挖掘人的潜能,尊重人的个性差异;有利于学生全面发展,调动学生的学习积极性和主动性,使学生按照自己的兴趣和特长,科学合理地构建自己的知识结构;有利于培养学生的创新能力,以适应未来工作的需要,培养出具有宽厚学科基础的跨学科人才和各种无特定对象的技术人才;有利于教师发挥自己的学术专长和业务专长,增强教师的竞争意识;有利于文科与理科相互渗透,实施素质教育。学分制除了具备上述优点外,还体现出了一些缺点,如教学计划性差、管理程序复杂、对学生学习过程的约束力小、具体操作难度大、学生被淘汰和重复受教育的比率较高等,这些都相对地增加了培养经费。

实行学分制,必须要有充足的保障,如完善的课程体系、充分的教学条件、科学的教学管理、雄厚的师资力量等条件,否则匆忙实行学分制往往会适得其反,会打乱教学秩序,影响人才培养的质量。另外,要加强教师对学生的指导,以免产生片面追求学分而肢解智能结构体系的倾向。

（2）学年制

学年制是一种根据教学时数来组织课程的课程组织形式。学生按学年计划学习课程,通过考试按规定以学年为单位予以升级、留级、毕业、肄业。学年制的起源较早。自12世纪起,西欧的一些大学开始实行学年制,现在东欧一些国家仍然实行这种教学制度。我国高校在1952年到1978年期间,学习苏联实行学年制,目前还有少数学校继续实行学年制。

学年制规定学生在校学习一律按入学先后,编入相应年级上课,同一年级所学课程除选修课外都完全相同。学年制课程设置和教学内容整齐划一,一般与必修制联系在一起。实行学年制的高等院校由于不同专业的培养目标不同,其学年学时也不相同。学年制有利于计划招生和分配工作,培养规格可控制性较强,能保证各专业具有一定的教学质量,也有利于开展班级活动和党团活动,便于管理,培养经费也较低。学年制的不足是培养模式和进度整齐划一、人才培养规格单一、人才知识面窄,不利于学科间的相互渗透和交叉,也不利于因材施教,不利于学生个性的发展和拔尖人才的脱颖而出,因此培养出来的学生就业适应能力较差。

（3）学年制与学分制相结合

学年制与学分制相结合的课程组织形式,既吸取了学年制的特点,强调人才培养的计划性和基本规格要求的统一性,又具有学分制的特点,开设比较多的选修课,让学生的学习有较大的选择余地。学有余力的学生可以多选几门课程,学习有困难的学生可以少选几门课程,允许学生免修而经考试取得学分。这种形式的课程组织,既保持了一定的计划性,又具有一定的灵活性,但现实中,必修课所占的比重远大于选修课,仍然限制了学生智力潜能的发挥,因材施教的自由度也不大,在一定程度上还是限制和阻碍了学生个性发展和创造力的形成。

2.高校教育课程的实施

高校教育课程的实施在日常教学活动中,多采用课程表的形式。课程表可以说是一个"指挥调度表"。通过它,各级各类学校教学管理部门可以把全校教师、学生和其他工作人员的全部工作有机地组织起来。课程表对教学和课外活动所作的安排,对建立学校正常的教学秩序有着重要的作用。

课程表的内容包括一周内每天上课的科目及次序、每次上课的起止时间和休息时间、每次上课地点及任课教师的姓名,以及班会、周会、课外活动、党团活动和自习课时间。

课程表的编排要遵循一定的原则,如德、智、体、美、劳全面发展的原则,有利于提高学习效率的原则,有利于教学设备和条件充分利用的原则,有利于学校教学、教育、生产、科研各项工作全面安排、协调配合的原则。

二、高校教育实践教学管理

（一）高校教育实践教学的意义

实践性和职业性是高校教育教学的突出特色,因此加强实践教学意义非常重大。[①]

1.有利于提高高校教育人才培养的质量和适应性

实践教学环节的加强,增加了学校师生接触社会、接触实际的机会。一方面,可以使教师更好地了解社会经济发展对人才素质的需求及其发展趋势,从而促进教学内容和教学方法的改革,使自己的教学与社会实际紧密结合;另一方面,使学生彻底克服重理论轻实践、理论脱离实践的不良倾向,大大提高了学生的实践能力。同时,在实践教学过程中,把对学生职业技能的训练与职业素质的训导有机地结合起来,使学生普遍具有较高的职业素质,愿意在生产、建设、管理、服务第一线工作。

2.有利于高校教育教学改革的进一步深化

高校教育教学改革受传统办学模式影响很深,在具体教学实践过程中,总是跳不出传统的以学科为中心的教学模式的框框。加强实践教学环节,可以找到高校教育教学改革的突破口和切入点,使传统的教学变成教学做相统一的特殊课堂,使传统的教师唱独角戏变成教师、学生共同参与,极大地调动了学生学习的积极性和主动性。

3.有利于突出高校教育的特色

实践教学以职业技能的训练和职业素质的训导为主,实践教学基础建设以实训车间为主体,而不以实验为主体,把对学生职业技能的训练与职业素质的训导有机地结合起来,充分体现了高校教育注重培养学生实践能力和职业素质的特点。同时,实践教学的不断改革与深化,可以推动理论教学从传统教学模式中解放出来,在课程体系、教学内容和教学方法上突出高校教育的特色。

[①] 蒋锦健.信息化平台下高校教育信息化建设与教学管理的创新发展[J].中国成人教育,2017（5）：41-43.

4.有利于学生创新精神与创新能力的培养

加强实践教学环节是培养具有创新精神与创新能力的人才极其重要的途径。通过实践教学,让学生在具体的技能训练中发现问题、分析问题和解决问题,从而提高学生综合运用所学知识在实践中解决实际问题的能力。

(二)高校教育实践教学管理的任务

实践教学要改变过分依附理论教学的状况,应在教学计划中有较大比重,以达到培养学生的技术应用能力的目标。要淡化理论与实践教学的界限,依托由相关行业、企业的专家和本校教师组成的专业建设委员会,改变理论教学与实践教学相分离的局面,努力做到理论教学与实践教学相结合、专业技能和技术应用相结合、实践教学与科技开发相结合,形成以素质和能力培养为主线、理论教学体系与实践教学体系相融合的教学体系。

1.制订实践教学工作计划

系主任要依据教学计划及时制订每学期的实践教学工作计划,填制实践教学材料需要计划表和仪器设备的申请订购单,根据实践教学任务的需要安排和审批实践教学材料的领用,严格督促、检查实践教学各项规章制度的贯彻执行。

2.实施实践教学的组织管理

实践教学的内容要严格依据专业教学计划及教学大纲中对实践环节的要求进行,特别重视实践教学内容的改革,增开综合性、设计性、应用性强的实训项目。实习实训要选派有实践经验、有相应职业技能证书的教师指导。指导教师根据实习、实训大纲的要求,制订好具体的实习、实训计划,编写出实习、实训任务书、指导书和有关参考资料。在实践教学过程中探索有高校教育特色的教育模式。

3.加强实践教学的考核

学校要加强对实践教学的考核。不论实践教学时间长短,均应安排专门的考核时间,可采用笔试、动手操作和答辩等形式对每一名学生进行考核,并结合平时表现综合评定成绩。要积极创造条件,推动高校教育毕业生"多证制"的实施,加强学生的基本技能和职业资格证书技能的培训工作,突出高校教育学生特色。根据各专业特点,要明确规定各专业学生毕业时必须具有的基本技能证书和职业资格证书种类,使学生在毕业时能够获得两种以上的证书。

第四章　网络时代下高校学生工作管理

当前,我们正处在一个信息化和全球化不断加快的时代。随着我国全方位、多层次、宽领域的对外开放政策的推进,中外文化的碰撞、交流与结合已渗透到各个领域,高校更是成了中外文化之间交流与碰撞的前沿阵地。文化是一个国家综合国力和国际竞争力的深层支撑,而教育则发挥着传承和创新文化的功能。联合国教科文组织国际教育发展委员会倡导,在国际化的时代,教育应培养出具有全人类道德意识的新人,这种新人必须懂得个人的行为具有全球性的后果,能够考虑事情的轻重缓急,并能够承担自己的责任。

改革开放以来,随着高校学生工作职能的转变和学生学习生活状态的改变,高校学生工作目前已经发展到教育、管理、指导和服务并重的新阶段,其领域和功能不断得到拓展,拓展到政治和业务并重,以保障学生德智体美劳全面发展;从比较重视社会性功能拓展到兼顾社会需要和学生自我发展需要;从要求学生服从国家需要拓展到要求学生把国家需要和自我发展结合起来;从学生单一的政治素质发展拓展到思想、政治、道德、心理等多个层面,强化学生人格培养的功能;从消极限制性功能拓展到积极发展性功能,在微观上拓展到学生个体心理层面,把心理咨询引入学校教育环节,强化社会教育的功能等,从而形成涵盖教育(特别是思想政治教育)、管理、服务等方面的多层次、多领域、全方位的高校学生工作体系。基于此,本章就从学习学风、心理健康、创新创业、人际交往这些层面分析网络时代下高校学生工作管理情况。

第一节 高校学生学习学风管理

一、高校学生学习管理

（一）高校学生的学习困境

1. 对专业学习的不适应

高校学生的学习有一定的专业方向,是围绕着培养目标进行学习的。所以说,专业学习是高校学生成才的需要,是高校学生走向成功、实现理想的重要起点。但不少新生入校后,发现自己对所学的专业不感兴趣,甚至一上专业课就头痛,其中一些人认为自己的兴趣、爱好都不在此,为此感到前途渺茫,导致学习动力不足,甚至因此变得消沉或厌学,学习情绪低落,学习成绩上不去。也有的学生在填志愿时以能被录取为原则,进入学校后就决心改行了,学习本专业仅仅是为了混文凭。此外,还有些学生花大量时间在其他感兴趣的东西上,为此占用了大量学习专业课的时间,结果导致专业学习考试通不过,于是人总处在烦躁不安、怨天尤人的状态之中,结果是专业学不好,爱好也没有兼顾,最终让自己陷入两难。

2. 学习缺乏计划性

学习计划对于学习非常重要,很多学生未设置学习计划,因此也没有学习的动力,成绩也收效甚微。这就要求大学生需要客观认识自己的情况,尽快制订符合自己的周计划、月计划等。

3. 学习缺乏自控性

很多学生进入大学,有着积极、端正的学习态度,但是也存在一些学生,态度并不积极,不主动学习,没有设置学习的目标和计划,甚至不屑于学习,导致出现了明显的懈怠。

4.课堂教学氛围不和谐

（1）教师未转变自身角色，更新教学理念

教师只有对学生给予尊重与理解，才能激发学生学习的热情，提升他们投入学习的信心。因此，教师应该创造多种条件，让学生愿意去学习。但是，当前很多教师在学生面前摆出一副高高在上的姿态，未将自己融入学生之中，导致师生之间存在明显的不和谐。

（2）教师未适应时代要求，调整教学手段

随着时代在发展，社会在进步，新的教学理念下产生了很多新的教学手段和方法，但是现代很多教师，未将先进的教学手段融入教学之中，对教学进行优化，导致学生不愿意投入学习。同时，在教学中，教师也未对学生投入情感，导致学生体会不到和蔼的感觉，学习氛围显得更为紧张。

5.教学设施欠缺

当前，很多多媒体技术、网络技术在高校教学中得到应用，使课堂气氛更为活跃，但是经过长期使用，也出现了设施老化、数量短缺等情况，尤其是现在高校扩招，规模扩大，使教学设施更为短缺。对于高校教学而言，当然小班课最好，但是由于教室数量、教师数量等问题，不得不合班上课，但是由于设施老化、扩音设备陈旧，影响上课效果，导致学生丧失了学习的兴致，这样的课堂必然导致高校教学水平下降。

（二）教学工作计划

教学工作计划是教学工作的实施方案，它是使教学工作有序化进行的重要保证，是顺利完成教学任务的必要条件。根据不同层次，可以将教学工作计划分为学校教学工作计划、教研组工作计划和学科教学进度计划三种。

1.学校教学工作计划

学校教学工作计划是全校工作计划的主要组成部分，它规定着一个学期或一个学年学校对教学工作的基本要求，通常是在校长的领导主持下，由教导主任制订的。它包括以下基本内容：

（1）对以往教学情况和当前社会要求的分析。这是教学工作计划的第一部分,着重对上学期或上学年的教学工作情况做出全面分析,如取得了什么成绩、存在着什么问题,经验是什么、教训有哪些,对这些应明确具体地指出来,以供本学期或本学年教学工作参考。同时,对当前国家教学改革的形势、上级教育主管部门的政策要求,也应进行简要分析说明,以使教师和学生明白新学期或新学年教学工作的背景情况。

（2）本学期或本学年教学工作的目标和要求。在前一部分分析的基础上,制订出本学期或本学年的教学工作的目标,以作为全校教学工作的奋斗方向。目标要明确具体,切实可行。同时,教学工作的各个环节、各个方面的规范要求也应阐述清楚。

（3）本学期或本学年教学工作的内容和措施。教学工作的内容包括本学期或本学年教学工作的项目、进程和各项工作的具体要求。措施包括改善对教学工作的领导措施,提高和培养教师业务能力的措施,改革教学思想和方法的措施,提高学生学习效率的措施,开展教学实验和学习他人经验的措施以及改善教学条件的措施等。计划既要制订得明确具体、重点突出,又不宜过于庞杂、面面俱到。

2. 教研组工作计划

这是各学科教研组根据学校工作计划的要求,结合本组具体情况,围绕改进教学、提高教学质量这个中心内容,以研究教材、教法为根本任务制订的工作计划。教研组工作计划由教研组长负责制订。它通常包括以下内容:

（1）对本组以往教学工作所取得的成绩和存在的问题进行简要的分析。

（2）对本学期或本学年改进教学工作的设想和教学研究活动的内容进行说明。

（3）规定每次教学研究活动的内容和时间,如集体备课的常规安排,专题讨论的内容和次数,公开教学的次数、内容和承担者,经验交流的安排等。

3. 学科教学进度计划

学校教学工作计划和教研组工作计划最终要落实到教师个人的教学上,因此各科教学进度计划直接关系到学校工作计划和教研组工作计划的完成。各科教学进度计划包括以下内容：

（1）对以往学生掌握基础知识、基本技能的情况和能力发展情况的回顾，以及对本学期或本学年学科知识体系、重点难点的分析。

（2）制定出本学期或本学年的教学目的、要求，并明确定出学生应掌握的知识内容和发展能力的要求。

（3）编制出具体的教学进度表，写明章节题目、所需课时、起止时间等。

二、高校学生学风建设管理

学风建设是高校工作的重要内容。学风建设工作主要体现在"教"与"学"两个方面。充分调动学生对学习的积极性和主动性，是解决"学"的关键。我们试图通过以强化班级建设为基础、创新管理制度为手段，建立学生学风建设新的机制。该机制是以学生为中心，以班级建设为重点的学风建设工作体系。该体系以班级建设为组织保证，以各种激励办法和强化管理为制度保证，搭建若干活动平台作为各种教育活动的载体，解决长期困扰高校学风建设的各种问题。

（一）学风与高校学风

1. 学风

什么叫学风？《现代汉语词典》的解释是：学校、学术界或一般学习方面的风气。学风是长期形成的、一种无形的东西，是人们对获取知识和运用知识的一种态度，是人们看问题的方法，是道德观、价值观、人生观的一种体现。人类社会各阶层、各领域都有自己的学风。学校有学校的学风，学术界有学术界的学风。

学风之关键，在一个"学"字。好的学风是学习之风，不好的学风是不学之风。对于非学界人士来讲，不学之风是一种不良的社会风气；对于以学为业的人士来讲，不学习就是失职，不学之风就是失职之风。

要使全社会形成好的学风，首先要树立全民热爱知识、尊重知识、学习知识的意识。我国提出建立"学习型社会"，正是提倡热爱知识、尊重知识、学习知识的具体体现。英国著名哲学家弗兰西斯·培根曾说过："知识就是力量。""史鉴使人明智，诗歌使人巧慧，数学使人精细，博物使人深沉,伦理之学使人庄重,逻辑与修辞使人善辩。"

其次,对待学习工作要有严谨求实的态度。严谨求实的学习和工作态度是获得知识并使事业取得成功的基础和前提。实践证明,获得知识最基本的方法就是学习。知识不是与生俱来的,它是靠持之以恒、锲而不舍地努力学习和不断积累而获得的。在学习和工作中切忌浮躁和弄虚作假,要提倡求真、务实、严谨、创新的科学态度。

最后,要倡导理论联系实际的马克思主义学习观。理论联系实际,是马克思主义学风的本质要求,也是端正学风必须解决的重大问题。一切科学知识都离不开人们的社会实践活动,都是人们实践经验的总结。同时,以知识为基础的科学又推动生产力的发展,推动人类文明的进步。

2. 高校的学风与校风

高校的学风,从广义上讲是指一所大学的学习之风、教学之风、学术之风。高校的学风是在长期实践积累过程中升华出来的优良传统,凝聚着全体教职员工和广大高校学生的学术思想、办学理念和思想方法。学风的形成是一种潜移默化的过程,这一过程指导、支配着学生的物质生活与精神生活的价值取向和行为模式,是学生思想道德素质的反映。学生是学校的主体,所以,学生才是学风建设的主体。因此,我们主要探讨狭义上的学风,即学生的学习之风。

高校学风与校风有着密切的关系。

首先,高校的学风是校风的一个重要标志,是校风的重要内容。学生是学校的主体,学校办学的宗旨是培养人才,学风的好坏直接影响学生的成才,而透过学风这个窗口能清楚地看到学生的精神风貌,看到学生的综合素质状况。所以,学风从一个侧面反映了学校的校貌,学校的教育教学质量,体现了学校的办学水平。

其次,学风体现于校风上。校风在很大程度上是学校这个大环境体现出来的学习风气。学风体现在学校的管理上,学校管理得好,必将带动整个学校的风气向好发展。

总之,学风是校风的重要组成部分,是校风的精髓部分,学校教育、管理、服务水平的高低直接影响着学风的建设,所以校风不好,就不可能创建优良的学风。

（二）高校学生的学风问题

当前,高校学生的学风问题主要有如下几种:

1. 上课迟到

这一现象在高校学生群体中非常普遍,尤其是早晨的课,很多学生不起床导致迟到。如果追究其根源,都是因为对课程不重视,觉得迟到没什么关系,反正教师也不会批评或者责罚。越是人数多的课堂,迟到现象越严重;越是高年级的学生,迟到现象越严重。

2. 旷课

除了上课迟到,旷课现象在大学校园中也非常常见。这反映出两大问题。

学生方面:学生未认识到高校课程的重要性,对于综合素质的提升缺乏自觉性,学习只是为了应付考试。有些学生将兼职作为在校的主要任务,认为赚钱比学习更为重要。

教师方面:课程设置得并不合理,甚至有些教师对课堂的投入不足,授课内容不具有新颖性。

3. 考试作弊

之所以出现考试作弊的现象,主要有两点原因。

客观原因:考试形式较为僵化,考场纪律不严格。

主观原因:学生存在侥幸的心理,为了获取高分愿意冒险。

（三）高校学风建设的意义

加强学风建设的目的就是使学生重新回归学习本身,就是要旗帜鲜明地强调本职学习的重要性,在学风建设问题上树立"以学习为中心"的地位。学生活动和学生工作,其目的和宗旨、内容和步骤,都要围绕学生学业的进步、水平的提高来展开。

我们常说学校就是一个大熔炉。学校不仅是学习科学文化知识的园地,更是学生塑造自我、全面造就高素质的熔炉。学生在学习、生活中时时刻刻都受学风影响。学风对学生影响之大,即使毕业后,其思想、道德、作风、纪律观念、文化素养等方面,都会受到它的感染,身上留着深深的烙印。学风是衡量高校办学水平的一个重要标志,学风更是一所学校的品牌和形象。因此,学风建设是学校一项重要的工作,具有极其重要的意义。

1. 学风建设是学生学习科学文化知识的需要

学习是每一名学生的天职,学生上大学的主要目的就是学习科学文化知识,国家投入巨资办大学的一个最主要的目的也是要使学生掌握科学文化知识。知识是青年成才的基础,古今中外凡是取得伟大成就的学者、科学家、文学家、艺术家,无一不是具有宽厚扎实知识的人。学生只有掌握丰富的知识,才能有所发明、有所创造,才能成为一个对国家、对人民有用的人,才能实现自身的人生价值。学生毕业后能否顺利就业,能否在激烈的竞争中占据主动,关键要看是否真正地掌握了现代科学知识及其实践能力。

学生在校期间的获得,一是知识,用相对有限的时间,系统学习前人所积累的科学文化知识,掌握现代科学知识的钥匙和学习方法,形成、完善个人的知识体系;二是实践能力,学生运用所学知识通过实验、课外活动、社会实践等环节,培养适应能力、人际交往能力、表达能力、创新能力、动手能力、管理能力等,为进入社会打好基础。所有这些都离不开良好的教学与实践的环境、学生自主学习的风气。一所学校的教学质量、学习风气和科技实践活动的氛围正是这所学校学风的主要表现。所以,只有加强学风建设,才能很好地完成人类知识的传递,才能实现学生"智育"的发展。

2. 学风建设是提高学生综合素质的重要保证

国与国之间的竞争归根结底是人才的竞争。新时代的人才教育之一是引导青年学会做人。做人包含着两方面要求。首先要具有较高的思想道德水准和人生境界修养;其次需要有为适应社会发展而必须掌握的科学文化知识,这是属于专业知识、技能范畴的素质。在学生中形成"严谨、求实、勤奋、创新"的优良学风,是必不可少的条件。"严谨"即严密谨慎、严格细致,指求学、办事的风格;"求实"即讲求实际,学习、工作、为人要实事求是,不能弄虚作假;"勤奋"即不懈努力,指学习上专心、刻苦的精神;"创新"即在学习方法、学术研究中要勇于创新。创新精神在知识爆炸的信息时代尤显重要。加强学风建设直接影响学生的创新能力、实践能力、竞争意识,影响学校所培养的人才质量。因此,优良的学风是提高学生综合素质的重要保证。

3.学风建设是学生思想政治教育的重要内容

学风建设是高校教学基本建设的一项重要内容,也是高校学生思想政治工作的主旋律。学风建设是高校深化教育改革培养高素质人才的基础性工作。就培养人才而言,它渗透于学生全面发展的实践之中,其实质是教育引导学生树立理论联系实际和实事求是的作风,形成"严谨、求实、勤奋、创新"的优良学风。学风建设是衡量学校工作的重要指标,是加强学生素质教育的重要措施,也是新形势下加强高校学生工作的迫切需要。

思想政治教育工作的目的是育人,将学生培养成为对国家、社会有用的人才。学校对学生进行思想政治教育的内容很多,要顺利有效地开展思想政治教育,不能空喊口号,必须同解决学生的学习生活等实际问题相结合,而学风建设正是一个重要的切入点。

大学是一个半开放的环境,社会思潮难免会涌入校园,引起学生思想波动,冲击学生的世界观、人生观和价值观。现实社会中的一些不良风气,同样考验着高校学生的思想道德体系。对学生开展思想政治教育,通过加强学风建设,也可以帮助解决这些问题。

首先,学风建设是高校育才的重要措施。学风建设的一个重要目的,就是帮助学生明确学习目的、提高学习动力,养成遵守教学秩序的习惯;提倡学生在学习和学术研究上诚实守信,杜绝作弊现象;培养学生在学习和生活中互相关心、互相帮助的团结协作精神。这些都是学生思想政治教育的内容。所以,学风建设是在学生中开展理想信念、团结协作、遵纪守法、诚实守信等思想政治教育工作的重要载体。

其次,学风建设是学生成才的重要保证。思想政治教育是为了培养德、智、体、美、劳全面发展的人才,加强学风建设是实现学生思想教育目标的重要前提。学风建设与思想政治教育两者密切相关、互相一致,都是为了培养合格人才。创建优良的学风需要思想政治教育工作,而加强学风建设的措施中又蕴含着思想教育的大量内容,是实现育人目的的重要举措。

4. 学风建设是创办一流大学的必要措施

学风建设是衡量高校办学水平的一个重要标志。学风代表着一所学校的办学品位、育人环境和社会声誉。高校的主体是学生,培养学生是学校的最根本任务。因此,衡量一所学校办学水平的高低,最重要的标准就是看培养出的学生质量的好坏。培养出的学生综合素质高,受到社会的欢迎,那么学校就赢得了社会声誉,实现了它最基本的价值;否则,都是舍本逐末。纵观中外一流大学,无一不是靠培养出大量一流的人才而屹立于大学之林。良好的学风有一种巨大的精神力量,可以熏陶和感染学生。加强学风建设正是实现人才培养目标的重要途径。

学风建设是孕育大学精神的沃土。所谓大学精神,就是一所大学体现出来的生命力、创造力和凝聚力的整体精神面貌。它是一所大学较长办学历史的文化积淀所形成的独特的精神特征;是一所大学的办学理念和价值追求,表现为大学的群体意识;是激励大学发展、提升大学办学水平的精神动力。学风建设是孕育大学精神的沃土,优良的学风有利于大学精神的进一步积淀。全面推进学风建设,可以形成浓厚的文化底蕴,使大学始终处在不断前进的发展状态中,使培养的人才具有坚定的爱国主义精神,始终处在昂扬进取、发奋建树的人生状态中。

随着社会的不断进步、高校规模的扩大,我国高校教育已经进入大众化时代。新形势下高校的地位发生变化,成为推动社会进步的重要力量,同时学生学风建设方面也出现了一些问题,这不能不引起我们的重视。总之,加强学风建设不论对国家、对高校,还是对学生本人来说都至关重要。它关系到国家的强盛和社会的进步,关系到学校的发展和社会声誉,关系到学生成长成才。学风不正,贻害无穷!

(四)高校学风建设的新机制

学风建设是高等学校学生工作的重要内容。学风建设工作主要体现在"教"与"学"两个方面。充分调动学生对学习的积极性和主动性,是解决"学"的关键。通过以强化班级建设为基础,创新管理制度为手段,可以建立高校学生学风建设新的机制。

该机制是以学生为中心,以班级建设为重点的学风建设工作体系。该体系以班级建设为组织保证,以各种激励办法和强化管理为制度保证,搭建若干活动平台作为各种教育活动的载体,解决长期困扰高校学风建设"抓什么""如何抓"的问题。抓什么？抓班级建设。如何抓？抓目标,抓组织与制度,抓过程,抓先进典型的树立。

以规范和加强学生班级全面建设为基础,围绕全面创建优良学风、提高学生的综合素质这一目标,建立学风建设的目标体系、保障体系、过程控制体系、评估奖励体系,探索出高校学生学风建设的一条新途径。这是一个完整的、封闭的学风建设的循环系统。从目标确立到总结评估表彰,再到更高目标,这样循环往复。通过目标的不断修订和体系的不断完善,达到学风建设水平的逐步提高。

1. 建立目标体系

部分高校在进行学风建设时普遍存在目标不明或目标不具体等问题。我们建立新机制时首先要确定明确的、具体的学风建设的近期目标和长期目标。

近期目标:通过加强班级的组织建设、制度建设、学风建设和班风建设,在较短的时间内使所有的班级达到合格班级的条件,并培育出一定数量的先进班级;通过开展文明修身工程活动,促进班级的精神文明建设,提高学生的道德修养水平,使相当数量的班级和个人成为文明修身先进典型;大力开展创建优良学风活动,建设更多的优良学风班,带动全校学习风气的根本好转。

长期目标:以强化学生班级建设为重点,建立优良学风班建设的完整、科学的体系;通过长期全面开展优良学风的创建活动,在学生中形成"严谨、求实、勤奋、创新"的学习风气,使学生明确学习目的,激发起学习动力,调动起学习的主动性和积极性,从而达到提高学生综合素质的目的。

2. 建立保障体系

有的高校对加强学风建设这一问题都有很高的认识,也都制定了一些管理制度,但是不够完善,对学风建设的开展、过程的管理、效果的评估、总结评比及奖惩等没有一套完整的规章制度。有的学校虽然制定了规章制度,但缺乏保障这些制度贯彻落实的组织机构。机构不健全,制度只能成为一种摆设。保障体系就是从组织上和制度上保证学风建设体系正常运转。

保障体系包括组织机构和规章制度。

其一,组织机构。加强班级组织建设,培养选拔一支思想过硬、工作能力强、学习成绩优良的班干部队伍。加强辅导员、班导师队伍建设,强化他们在学风建设中的职能,发挥他们在学风建设中的主导作用。建立学校、学院、年级、班级学风建设领导小组,负责学风建设各项制度的落实及指导、检查、评比工作。班级要组织若干个帮教小组,负责学习落后学生的帮助教育工作,以达到共同提高的目的。总之,从上到下建立多层次的班级学风建设组织保障体系。

其二,规章制度。建立和完善班级建设、日常管理和奖励三方面的规章制度,确保学风建设活动的顺利开展。制订学生班级建设规定,并根据规定要求,规范和强化班级各项建设,内容包括组织建设、制度建设、学风建设和班风建设。班级的这些建设是这个体系的关键,是学风建设的基础。班级建设涉及每一位学生,重视和加强班级建设,真正把学生工作做到班级,才能面向全体学生,贴近全体学生,作用于每名学生,最大限度地激发和调动广大高校学生的积极性、创造性,才能有针对性地指导、帮助和促进每名学生学习、成长和成才。制定各项日常管理制度,建立合理、具体、可量化且具有科学性和可操作性的班级建设评估体系,定期对班级进行全方位的评估考核;制定严格的班级学风建设检查制度,各组织机构对班级的学风建设情况进行检查;参照《高等学校学生管理规定》制定相应的学生学习纪律及有关规定,约束学生的学习行为。学习纪律包括课堂纪律、教学区及校园纪律、考试纪律等。这些制度是实现过程控制的前提,也是实现"以建代评"的保证。制定创建优良学风评选奖励办法、学生奖励办法、奖学金管理办法等,建立激励机制,对学生进行正面的引导,弘扬正气,鼓励先进。这些规章制度以班级建设为基础,以日常管理制度为保障,以奖励制度为激励,从而保证了学风建设管理系统的建立。

3.建立过程控制体系

学风建设活动注重过程管理。良好学风的形成应重在建设过程,而不能简单地用年初开会布置、年终下指标评选表彰的办法来实现,必须摒弃以往"以评代建"的模式,而以"重建轻评"引导学生将精力用在"创建"的过程上来。通过制定和全方位落实班级学风建设检查制度、关于学生学习纪律有关规定,对班级学风建设过程进行全程监控。过程控制体系的建立可以使我们及时掌握班级学风建设的情况,及时解决发现的问题,且检查结果又是考核评估班级建设情况的重要依据。

4.评估奖励体系

评估奖励体系由学生班级建设评估体系、学生奖励办法、学生奖学金管理办法、创建优良学风评选奖励办法组成,全面考核班级建设情况。考核体系指标要合理、具体、量化,要具有科学性和可操作性,制定学风建设的评比奖励办法。科学的评比奖励办法能将成绩突出的班级和个人选拔出来,给予物质和精神鼓励,能激发全体学生积极向上的热情。

第二节　高校学生心理健康管理

一、高校学生常见的心理问题

（一）心理卫生问题

高校学生在心理卫生方面出现的问题有比较集中的领域,主要表现在以下方面。

1.环境适应不良

环境适应不良方面的问题主要集中在新生时期。这是由于新生入学后,首先是环境发生了变化。许多学生第一次远离家门,身处陌生的地区、新的学校、不熟悉的班集体中,所有这些变化都可能给他们带来不同程度的适应问题。其次是学习条件和方法的变化。由于高校的学习内容、特点、方法都与中学有较大的差异,而许多学生习惯于中学的学习方法,结果造成学习成绩滑坡,疲于应付,进而感到学习的压力。特别是有些学生入学前是中学里的学习尖子,自我感觉良好,但在集中了各地优等生的新群体中,周围高手如林,这种优越感丧失,如果学习成绩再出现较大波动,很容易引起自信心降低产生自责及失落感,陷入苦恼之中。

2. 与学习有关的心理问题

这主要表现在考试焦虑、学习缺乏动力、专业不满意、学习压力过大等方面。有些学生常常为自己成绩不佳而担忧，担心不能顺利毕业；有些学生感到学习竞争压力，导致心理紧张、焦虑、头痛、失眠、注意力和记忆力下降、学习效率低下；有些为专业不理想而烦恼；有些则出现学习无兴趣、无动力、无目标，得过且过混日子的心态。一系列的心理问题直接导致学生学习困难，抑制了学生潜能的开发，造成了部分学生留级甚至休、退学等后果。

3. 人际交往问题

良好的人际关系是个体心理正常发展、顺利适应社会的重要条件之一。大学生在人际交往过程中，有的出现交往障碍，如沟通不良、人际冲突、社交恐惧、孤独、缺乏社交技能等。

4. 与恋爱和性有关的心理问题

由于处于青春期，高校学生对恋爱及两性问题比较关注和敏感，这方面引发的心理问题较中学时期大为增加。例如，有的女生刚入学就受到高年级男生或同班男生的约会邀请，不知如何应对而陷入苦恼；有的为了填补精神和理想的空虚而在异性交往中寻求慰藉；有的学生看到同伴交朋友而自惭形秽；有的因失恋而沮丧萎靡不振；有的因单相思或多角恋爱而难以自拔等。除了恋爱引发的各种心理困惑外，还有部分学生因各种原因而导致性心理方面的问题。例如，有的因手淫而背上沉重的精神负担，有的沉溺于性幻想，有个别学生甚至出现性变态行为。与恋爱和性心理有关的问题，是高校心理卫生应该重视的一个领域。

5. 与择业有关的心理问题

面对竞争激烈的就业市场，不少学生出现种种困惑和苦恼。例如，有的学生面对人才市场五花八门的招聘无所适从；有的学生缺乏择业的主动性，对择业中的消极社会现象或逃避或愤激，有时产生过激反应；有的学生对面试缺乏自信，不善于自我推荐等。这些问题在毕业年级中比较突出。

6.与自我、人格等有关的发展和适应问题

在学生的自我发展中,对理想自我的追求,对自尊、自强的强烈渴望,对自身人格发展的高度关注,是推动学生走向心理成熟的内在动力。由于各种因素的影响,学生在自我意识和人格发展中会遇到各种各样的困扰,如过分追求完美,期望值太高、非理性的认知、自我评价能力不高、人格中的各种缺陷等。这些发展和适应中的问题如果长期得不到解决,势必会引发一系列的心理冲突,不利于学生心理的成长和发展。

(二)心理障碍问题

高校学生由于心理尚未成熟,自我调节和控制的能力还不强,因此在处理学习、友谊、爱情以及个人与集体、个人与国家的关系等复杂问题的过程中,常常会有心理障碍的产生,严重影响了他们的生活和学习。但他们往往不知道自己的心理出现了什么问题,也不知道如何去排除。还有些学生,从报刊、书本里读到一些有关心理障碍的知识介绍,硬是与自己联系起来,以致整日忧心忡忡,唯恐自己精神不正常,由此也干扰了正常的学习与生活。因此,学生要了解一些常见的心理障碍的表现形式及其形成的原因,并自觉地克服心理障碍。学生常见心理障碍主要有以下几种:

1.情绪障碍

情绪障碍是指那些陷于某些不良情绪体验中不能自拔,或者体验的强度和持续的时间超过一般人,严重地妨碍了学习和生活的情绪反应。常见的情绪障碍表现形式如下。

(1)焦虑

焦虑是人们在社会生活环境中,对于可能造成心理冲突或挫折的某种事物或情境进行反应时产生的一种不愉快的情绪体验,即预感到一些可怕的、可能会造成危险或需要付出努力的事物和情境将要来临,而又无法采取有效的措施给予预防和解决。此时心理上产生紧张的期待情绪,表现出忧虑和不安。焦虑的表现特点是心情终日烦躁不安,惶然不知所措。焦虑情绪突出表现在焦虑性神经症(焦虑症)中。一是精神性的焦虑,表现为无明确对象、无明显原因的提心吊胆,紧张不安,烦躁、易激怒;经常处于警觉状态,注意力不能集中,记忆力下降等。二是躯体性焦虑,如肌肉紧张、颤抖、坐立不安、来回走动、经常变换姿势,另外还伴有心跳加快、胸闷、心慌、手脚冰凉、出汗等。

(2)自卑

自卑是指一个人由于某些生理或心理缺陷或某些方面不如别人而产生的对自我认识的态度体验,表现为对自己的能力或品质评价过低,轻视自己或看不起自己,担心失去他人尊重的心理状态。自卑心理常见的表现如下。第一是自我评价过低,如对自己的身高、外貌、智力、某方面的能力不满意,觉得不如别人,从而表现出悲观、忧郁的情绪。第二是把自己某一方面的原因造成的自卑情绪泛化到其他方面,觉得一切不如人,常常自惭形秽。第三是对自己的不足和别人对此的评价很敏感,常把别人与此无关的言行看成是对自己的轻视。由于担心自己的不足和缺陷被人知道,常常加以掩饰或否认,有时表现出较强的虚荣心和外在的自负。第四是有自卑心理的学生怕与人交往,往往采取回避的态度,把自己封闭起来,以避免别人看出自己的不足,或避免脆弱的自尊心受到伤害。其结果使自己变得沉默寡言、胆怯、畏惧、内心充满孤独感,时间一长容易形成孤僻的性格。

(3)抑郁

抑郁是一种过度忧愁和伤感的情绪体验。抑郁的一般表现是情绪消沉,心境悲观等。抑郁情绪突出表现于抑郁症中,其情绪表现为持久而强烈的悲伤,觉得心情压抑、苦闷和沮丧,并伴有焦虑、烦躁以及易激惹;自感自己没有价值,生活没有意义,对未来充满悲观,食欲下降,疲乏无力,无精打采,失眠早醒;对学习不感兴趣,自感思维迟钝、脑子变笨,从而学习能力下降,为学习和友谊的不成功而孤寂、自卑,对社会上的不正之风自感无能为力而悲观厌世,对人对事麻木不仁,甚至产生自杀的想法。

2. 异性交往障碍

由于性适应不良产生的心理障碍,在大学当中较为多见,问题也较严重。在学生学习生活里,男女同学正常的交往有利于学生正确地认识自我、认识异性以及消除对异性的神秘感,有利于提高交际水平,改善或消除性压抑,增强性心理健康。高校生活中同龄异性交往的机会明显增加,同时由于学生正处在性发育、性意识逐渐增强的年龄阶段,因此与异性交往的愿望也就更强烈。很多人尽管希望与异性交往,但不知该如何交往。由于缺乏一般的交际能力,因此在和异性交往时,就过分局促不安、目光紧张、面红耳赤、心跳加快,甚至说话不得体。还有些学生由于和异性交往少等原因,从而不能正确对待异性间的正常交往,产生一些不正常的心理反应,如和异性接触时举止异样,想入非非;或把异性间的正常交往误认为是对方对自己爱慕的流露,产生一厢情愿的"单相思"。单相思是有害无益的,它可以使人精神萎靡不振,注意力分散,记忆力减弱,思维迟钝,学习效率下降。有些"痴情"者经受不住单相思的痛苦而发展到精神异常,成为精神病患者。还有的人把和异性接触时出现的脸红、心慌等误认为是一种罪恶心态,以致害怕和异性接触。

3. 神经衰弱

神经衰弱是高校学生中较为常见的一个心理问题,主要表现为大脑功能衰弱。工作和学习用脑均可引起兴奋,回忆与联想增多,控制不住;精神疲乏,脑力迟钝,注意力难以集中,记忆困难,工作和学习不能持久,效率减低;易烦恼,易激惹;出现紧张性头痛及紧张性肌肉疼痛;入睡困难,多梦、易醒,醒后不解乏等。

二、高校学生心理健康管理

(一)高校学生的情绪管理

1. 高校学生中常见的不良情绪

高校学生的生活是紧张而又丰富多彩的。随着年龄的增长和活动范围的扩展,高校学生内心体验也在不断变化。这种变化在反映出高校学生强烈的进取精神和良好的情绪品质的同时,也暴露出许多弱点。例如,情绪极易受情境气氛的感染,产生冲动性、暴发性等。实际上,从心理卫生学的角度看,任何一种情绪的产生都有其生理、心理的价值,即使像焦虑、恐惧、抑郁等不良情绪都是一种个体自我保护的机制。因此,我们在这里所讲的不良情绪,是指某种情绪作用时间过长或作用强度过大,对身心带来危害的情绪,其中既包括某些积极情绪也包括某些消极情绪。情绪反应是否正常、健康,一个重要的标志是情绪反应是否适时适度。下面列举的是高校学生中几种常见的不良情绪。

（1）狂喜

人逢喜事精神爽,春风得意马蹄疾。快乐的情绪对每个人都是必要的,对人的身心健康和事业成功也是有益的。但遇到高兴的事,就欣喜若狂,手舞足蹈,忘乎所以,没有节制,就会起到相反的作用。俗话说乐极生悲,有的高校学生取得一些成绩便沾沾自喜,终日沉浸在喜悦和自豪之中不能自制,久久不能步入正常的学习生活,影响了学业。还有的同学为了满足自己的兴趣爱好,尽情地跳舞、游玩、打牌、下棋、参加体育比赛,弄得精神疲惫,无心学习,事后又感到极度的空虚,造成精神压力。这说明适时、适度的积极情绪是有利于身心健康和成才的,但积极情绪也会因反应过度对人的全面发展造成不良影响。

（2）过度焦虑

焦虑是指内心紧张、预感到似乎即将发生某种不良后果时的一种不安情绪。焦虑是由几种情绪混合而成的情绪体验。焦虑情绪可能突然发生,也可能缓慢产生。产生焦虑情绪时,人们会感到内心有一种难以适应的紧张与恐惧。一般情况下,当造成情绪紧张的外部刺激消失后,紧张就会解除,机体就会恢复到原来的正常状态。因此,从心理健康的角度,紧张和焦虑并非一定是消极的,紧张往往会产生积极的效果,如有利于集中注意力,认真分析现实,积极思考消除紧张的对策和方法;有利于分析动机,修正目标;有利于调动潜能和思维。

怎样知道自己是否过分焦虑呢? 从生理反应来看,出现心跳加快、出汗、失眠、食欲不振、神经过敏等表现;从心理行为来看,总觉得心慌意乱、坐立不安、浑身无力、情绪消沉、思维杂乱、注意力分散、做事急躁、言语激动等,都是焦虑的典型表现。当持续出现上述反应,若通过主观努力还无法消除时,就是过分的焦虑情绪了。焦虑情绪的产生往往与缺乏自信心和出现认知障碍等有密切关系。

（3）持续抑郁

郁郁寡欢、愁绪满怀、意志消沉、自卑内疚,甚至日不思食、夜不能眠等,都是抑郁情绪的典型表现。抑郁情绪有正常和不正常之区分。正常的抑郁情绪大多与客观原因有密切联系,如高考落榜、情场失意、亲人亡故、学习和事业受挫等,这些客观原因往往能导致人的精神受到严重创伤和刺激。但这种由有形原因引起的抑郁情绪反应,往往不会影响人参加正常的学习和生活,而且经过一段时间后,这种情绪反应逐渐减弱甚至可以消失。而不正常的抑郁情绪则刚好相反:一是持续时间长;

二是情绪低落但找不到明确原因,表现为"不知为什么,情绪总是很低落","对什么都不感兴趣",或是由一些轻微细小的生活事件激发,总是杞人忧天或怨天尤人。在这种情绪状态下,良辰美景、鲜花圆月、轻歌曼舞都变成了灰色的和毫无生气的。

（4）自卑

自卑感是一种轻视自己或对自己不满意,认为自己不如别人的情绪体验。这是一种带有自我否定倾向的情绪体验。具有自卑感的人,往往具有内向、敏感和多疑等人格特征,在行为上则表现为少言寡语,不善于甚至不愿意交往,行为上退缩等特点。从自卑感发生的强度来划分,可分为轻微的自卑感和过度的自卑感。一般情况下,轻微的自卑感大多与某些具体的失败经历有密切关系,但经过调整可以很快克服。过度的自卑感则与屡次遭受挫折有关,有把具体的失败体验泛化到一切事情的经历的倾向,因此往往导致情绪消沉甚至自毁。

（5）自负

自负是自以为了不起、比别人强,是看不起别人的一种情绪体验。这是一种过度的自我接受的倾向。高校学生自负情绪的表现不像中小学生那样外露,但也能从言谈举止中明显地表露出来。例如,常常表现出对别人的讲话、成绩不屑一顾,爱挑别人毛病等。自负情绪的产生往往与对他人评价和自我评价有关。那些能力强、知识面广、机灵、学习好、家庭条件优越的高校学生容易产生自负情绪。还有的同学的自负情绪产生于对别人的过低评价和过高的自我评价。这样的同学往往只看到自己的长处和别人的短处。其后果可能是削弱上进心,学习成绩下降,也可能因此而造成人际关系紧张,严重的还会助长自私自利的心理。

（6）冷漠

冷漠是一种对人和事都漠不关心的情绪体验。一般来讲,高校学生正处于人生的金色年华,对于很多事情都会产生浓厚的兴趣并注入极大的热情。但有的高校学生却表现出对一切都冷漠、不关心的态度。有的心理学家认为,这种现象是个体对挫折环境的自我逃避式的退缩性心理反应,带有一定自我保护或自我防御的性质。

这种情绪的产生大多与个体所处环境以及个性特点有很大关系,如家庭关系失和的体验,导致对亲情友情认知出现偏差,而不相信人间真情。冷漠的学生表面上看似无动于衷、冷漠无情,但实际上内心却十分痛苦、孤寂,有一种"说不清"的压抑感。

2.高校学生常见的情绪调节方法

情绪是认识和洞察人们内心世界的窗口,它标志着个性成熟的程度。个别人甚至因为情绪控制调节得不好而丧失理智,导致发生各种不幸事件。此外,在现实生活中,人的情绪情感体验的外露和表现,并不是在任何时候、任何场合或任何情况下都是适宜的。当个体的情绪体验同他的行为动机、追求目标产生矛盾时,为了实现既定目的,也需要人们运用意志的力量,对情绪的流露和表现给予严格的限制和调整,用理智战胜感情。

随着年级的增高,这种能力呈现出逐步递增的发展趋势。从心理学的角度看,高校学生情绪调节控制的主要方法如下。

(1)合理宣泄法

为了降低精神上的过度紧张,避免产生因心理因素而出现的疾病,很有必要将受到较大挫折后积压在心头的痛苦、愤怒、悲伤、烦恼等紧张情绪发泄出来。当然,这种发泄不能毫无顾忌、不择手段、为所欲为,必须合理地控制在既能降低自己的紧张情绪,又不至于使他人受到伤害的范围内。我们称这种有节制的发泄为合理宣泄。如何宣泄自己的情绪呢?

诉说,即将自己的情绪用恰当的语言坦率地表达出来,把闷在心里的苦恼倾诉出来,把所受到的委屈全摆出来,这样对当事人双方都能增进了解,冰释误会,减少矛盾和冲突;对自己所信赖的人表达情绪,既可得到同情和理解,又能求得疏导和指导,即所谓"一个快乐由两个人分享,就变成了两个快乐;一个痛苦由两个人分担,就变成了半个痛苦。"这有利于矛盾的解决。

痛哭,若遇到意外打击,产生较大的悲伤、愤怒、委屈时,也可以用痛哭的办法宣泄自己的情绪。人们在痛苦流泪之后总会感到舒适轻松一些。情绪本身有一种自我调节的机制,情绪表现的过程也就是情绪缓解的过程,表现越激烈缓解越充分。一旦情绪缓解之后,因情绪紧张而带来的感觉、记忆和思维障碍也就自行消退。这样便可以较客观地感知外界事物,恢复有关的记忆,冷静思考、寻找挫折的原因和解决问题的方法。

行动,在无对象诉说或不便于痛哭的情况下,可以对着沙包狠擂一通，或找个体力活猛干一阵；到空阔无人的旷野引吭高歌或聚声长啸，同样能释放聚集的负面能量，降低、缓解情绪，达到宣泄的目的。

（2）提高升华法

提高升华是一种最为积极的情绪自我调节控制方法，是最有效的情绪宣泄方式。司马迁受侮辱发奋写《史记》，孙膑受打击著述兵书，歌德因失恋创作《少年维特的烦恼》等，都是情绪升华的生动事例。在我们现实生活中，一名犯有错误的同学用洗刷污点、勤奋学习的方式来创造美好的未来；一个学习、生活、恋爱上受过挫折的人，把痛苦转化为对事业的执着追求；一个人因失误带来内疚，就用高尚行为来弥补；一个具有严重进攻性特征的人，将其精力转向为热爱各种体育项目等。这些都是有意义的升华。

（3）转移注意法

当我们注意某一事件时，这一事件对我们才会产生影响。当我们把注意力放在其他事情上时，原来的事件对我们的影响就会降低或消失。例如，抽烟时思考一个难题，若注意力完全集中在难题上，夹在手里的烟也就对我们没有任何影响了，可能直到烟烧着手指才会意识到。这是一种利用环境的调节和活动的转移来排忧解难的心理疗法。

比如，当余怒未消或忧愁未解时，可以听听音乐、看看喜剧、欣赏名画，或者外出逛逛街、赏赏景、散散心，暂时忘却生活中令人不快的事情。夜不能寐时，可以把注意力集中到默记外语生词或枯燥无味的数理公式上。怒火一触即发，赶紧强迫自己做一些能让自己冷静下来的活动，如来回踱步，喝几口水，像屠格涅夫那样让舌头在嘴里转十个圈等。

（4）语言暗示法

在情绪激动时，可以自己默诵或轻声告诫自己"冷静些""不能发火""注意自己的身份和影响"等；陷入忧愁时，提醒自己"忧愁没用，于事无补"；有较大的内心冲突和烦恼时，用"不要怕，不能急，安下心来"等言语给自己以安慰和鼓励；也可以针对自己的弱点预先写上"制怒""镇静"等条幅置于案头或挂在墙上。

（5）幽默缓冲法

高尚的幽默是情绪的缓冲剂，是有助于个人适应社会的工具。当个体发现某种不和谐的或于己不利的现象时，为了不使自己陷入激动状态，最好的办法是以超然洒脱的态度及寓意深长的语言、表情或动作，以及谐谑的手法机智、巧妙地表达自己的情绪。这样做往往能使紧张的精神放松,解放被压抑的情绪,避免刺激或干扰,摆脱难堪窘迫的场面,消除身心的某些痛苦,调节和保持身心健康。

(二)高校学生的恋爱心理管理

1.高校学生常见的恋爱心理问题

高校学生恋爱中常见的心理问题与障碍主要有以下几种:

(1)自卑

自卑就是指对自己轻视、不满和否定的情感,是由于自我评价偏低而引起的消极情绪体验。在学生的恋爱中,这是常见的心理障碍之一。例如,有的男女学生本来很有主见,对生活、学习、人际交往中的一些问题,都有自己的见解。可当他们与其恋爱对象在一起时,常常不是有话说不出,就是唯唯诺诺地同意自己原来不赞同的观点。有的为了得到自己倾心的恋人而一味曲意逢迎,有的唯恐失去恋人因而处处小心谨慎。所有这些都属于恋爱中的自卑心理,对恋爱关系的正常发展极其有害。有的学生失恋,常常就是由于自卑心理过强,对恋人低三下四、百依百顺、毫无主见,使对方感到"缺少男子气"或"没有个性"而中断恋爱关系。有的学生由于自卑感过强,在恋爱问题上不敢涉足,恐怕自己的自尊心受到伤害而一味回避恋爱,从而错过良好的恋爱机会,造成内心压抑、焦虑以致终生悔恨。还有一些人一旦受到伤害,往往采取自我封闭、不再与他人交往的方式逃避现实。

造成学生恋爱中的自卑心理,究其原因主要是由于自身的"缺陷"和"不足"。例如,认为自己的相貌、身材不如别人;学习成绩、社交能力、个人修养不如他人;家庭出身、社会地位、经济条件低人一等。从实质上讲,自卑心理是人格发展中的一种缺陷,主要是由于人格发展不成熟,不能正确地评价自我、认识自我和接纳自我造成的。

(2)羞怯

羞怯也叫害羞,是指在与他人接触和交往的过程中,表现得羞涩胆怯、过于拘谨尴尬、态度不自然等。其实,恋爱过程中的羞怯之心,人皆有之,只是程度不同而已,适度的羞怯,不仅有助于二者之间在生理和心理上保持一定距离,避免情感的冲动,而且也为爱情蒙上一层美丽而神秘的面纱,给人带来谦虚、稳重、诚实、有涵养等好感,使爱情更加纯洁与含蓄,有助于恋爱关系的健康发展。但过分严重的羞怯则是一种心理障碍。在恋爱交往中,往往会出现焦虑紧张、面红耳赤、声音颤抖、举止失措等难以自制的情绪反应,使自己无法充分表达自己的思想和情感,并陷入非常难堪的境地。这不仅影响自己在对方心目中的形象,而且可能造成恋爱过程受阻。一些羞怯心过于严重的学生,往往不敢主动、积极地对待恋爱,而是采取回避、退缩的防御机制,久而久之便形成了恋爱心理障碍。

(3)逆反

逆反心理是一种抵触、不顺从的心理状态。它是指在某种条件下产生的一种与正常情况不同的逆向反应和强烈的抵触情绪,并导致当事人负向要求和行为的心理活动倾向。在现实生活中,逆反心理随处可见。例如,越是"禁书",人们越争相偷看;越是硬性要求人们去做的事,人们越反对或反感。高校学生恋爱中,逆反心理也不少见。例如,有的学生对狂热追求者往往不屑一顾,却对"冷落慢待"自己的人非常倾心爱慕;有的明知对方不爱自己,却偏要去追求,甚至狂热地爱一个并不爱自己的人;还有的学生在恋爱过程中,父母亲友越是反对,阻力越大,他们反而愈加如胶似漆、难舍难分,爱得更加炽热坚定。

在恋爱问题上之所以会产生逆反心理,大致有三个原因:一是自尊心,高校学生往往自尊心强、好胜心强,在恋爱过程中,为了维护自尊心,满足好胜心,就易出现越是得不到的爱情越想得到、越是有人反对的恋爱越是爱得深;二是好奇心,爱情本来就是朦胧而神秘的,其朦胧和神秘常引发学生好奇心,促进他们去寻觅探幽,于是就易出现对狂热追求者冷淡、对冷淡者进行追求的心理;三是虚荣心,有的高校学生虚荣心很强,为了维护虚荣心,也会出现逆反心理。

(4)嫉妒

嫉妒一般是因为他人的才能成就、名誉、优点甚至长相等强于自己而产生的羞愧、怨恨等复杂的情感体验。高校学生恋爱中的嫉妒心理则更多的是性嫉妒,即通常人们所说的"吃醋"。它是人们在恋爱和异性交往中,因为觉得他人比自己强并对自己在异性或恋人心目中的位置构成某种威胁,而产生的忧伤、苦涩、愤怒甚至敌视对方等情绪体验。

嫉妒心理是恋爱中的男女较为常见的一种心理现象,它总是与爱情相伴随,是爱情排他性的一种心理反应。男女之间一旦确立恋爱关系,都会自然要求彼此对爱情忠贞专一,绝不允许第三者插入或者其中一人同时涉足第三者。因而有人说,嫉妒是爱情的组成部分,是体现爱欲强烈程度的尺度,是爱情炽热和专一的表现,对爱情具有积极的促进和深化作用。但是嫉妒心过强,则不利于爱情的发展,甚至能毁灭爱情。例如,有的学生在恋爱中,由于嫉妒心作用,对恋人与异性的交往横加指责、限制和干涉,甚至无端怀疑,使恋人无法忍受;也有的出于嫉妒心,对恋人疑神疑鬼,并不顾社会道德伦理对他人无中生有地进行诽谤诋毁报复,甚至制造不该发生的事件,给他人和自己带来了严重的不良后果。

（5）猜疑

猜疑是指在缺乏充分了解的情况下,一方对另一方毫无根据地不信任和怀疑。在高校学生恋爱中,猜疑心理也是常见的心理障碍之一。它往往会给恋爱双方带来不必要的痛苦和烦恼,导致周围人际关系紧张,伤害他人感情,自己也会陷入苦闷、惶惑等不良心境中。它是导致恋爱失败的重要原因。例如,有的学生在恋爱中,看到自己的恋人与别的异性交往,就无端怀疑别人的交往动机或怀疑自己的恋人另有所爱,并对恋人与异性的交往从各方面进行限制和干涉,终使恋人忍无可忍,从而终止恋爱关系;也有的由于猜疑过强、妒火中烧,反目成仇,甚至酿成大祸。猜疑心理产生的原因比较复杂。可能是由于双方了解不够而产生不信任和不放心,也可能是别人有意无意地搬弄是非,制造事端。除此之外,引起严重猜疑心理的原因主要是由于猜疑者自身的种种心理偏见和不正确的思维方式造成的。一般来说主要有三个方面:其一是封闭性遐想引起的猜疑,即不了解事实根由,而是按着自己的思维逻辑去进行判断,以致对别人无意中的言行百般猜测、疑虑重重;其二是投射效应引起的猜疑。即把自己所担心的事情,投射到他人身上,“疑人窃斧”“以己度人”,无端猜疑别人;其三是不良的心理定式引起的猜疑。它是指生活中的一些人,由于其本身经历了恋爱的挫折与不幸,便“一朝被蛇咬,十年怕井绳”,从而形成了不良的心理定式,处处设防、事事生疑,以致“草木皆兵”,无端地折磨自己和对方。

（6）挫折

挫折是指个人从事有目的的活动时,遇到干扰或障碍,致使动机不能获得满足时的情感状态。高校学生恋爱中心理挫折主要有单相思、失恋以及陷入感情纠葛等。

①单相思。所谓单相思是指异性关系中一方倾心于另一方而不被对方知晓和接受所造成的一厢情愿式渴望,也叫单恋。它仅仅停留在爱

慕对方上而没有发展成相恋。这是一种深沉而无望、畸形的爱情。常把人置于忧闷和痛苦的境地,使人内心充满强烈的期待和重重的疑虑,苦苦忍受着情感的煎熬而无法自拔,长此下去,会对人的心理健康产生消极的影响。一般来说,单相思有两种情况。一种是指热恋对方又羞于启齿,而对方根本就不知道的自作多情。造成这种情况的原因主要是由于单相思者过于羞怯,不敢对意中人表露心迹,缺乏求爱的勇气。人们往往有这样一种心态:越是希望得到的东西,越害怕失去。一个人深爱着某一人时,唯恐自己的求爱会遭拒绝。因而,有时宁肯等待,让情感处于若明若暗的状态中,这样至少还可以保留心灵深处一丝希望的欢悦。即使明知成功的希望渺茫,也不愿让幻想破灭,在幻想中获得爱和被爱的满足。另一种情况是:一方虽然向对方表白了自己的爱慕之心,但由于不被对方接受而内化为白日梦式的渴求。这种情况主要是单相思者的信念误导和认知偏差造成的。信念误导是指单相思者往往信仰"伟大的爱充满艰辛与痛苦,它往往是得不到回报的"。于是,当得不到对方爱的回报时,就在单恋中进行自我暗示:爱仅仅是为了爱,不要承诺、不要回报,认为这种不顾一切的爱才是最伟大的爱。认知偏差是指有的单相思者不能正确地对待被拒绝的事实,认为如果承认事实,就是承认自己配不上对方,因此为了自尊和面子,就强迫自己求爱到底。

②失恋。所谓失恋是指恋爱的一方否认或终止恋爱关系而给另一方造成的一种严重心理挫折。导致失恋的原因多种多样,影响因素错综复杂,或者是由于家庭或社会舆论的压力;或者是双方感情基础不牢,在交往中一方发现彼此思想、个性不相吻合,情感不融洽,对方不是自己的理想情人;或者是由于一方见异思迁、喜新厌旧。无论什么原因导致的失恋,对任何人来说,都是一种强烈的精神打击,常常给失恋者造成严重的心理创伤,使人处于极其强烈的忧郁、焦虑悲愤甚至绝望的消极情绪状态中,失去生活的信心和勇气。失恋者在失恋后若不能及时、理智地控制自己的感情,而任凭情感左右,必然会产生心理上的偏差,可能出现或自暴自弃、一蹶不振,或恼羞成怒,甚至自寻绝路等现象。失恋虽然是痛苦的、不幸的,但"塞翁失马、安知非福"。如果失恋的原因是由于对方缺乏道德、见异思迁,早日分手,对自己则是一件好事;如果是由于双方爱情基础不牢、个性不相容,则迟别不如早散。所以,一个人一旦能够理智地从失恋中解脱出来,往往会使自己更加成熟、更加自信和积极地走向新的生活。

③恋爱中的感情纠葛。所谓感情纠葛,是指人们在恋爱过程中,因某些主客观原因而引发的欲爱不能、欲罢不忍的强烈内心矛盾与感情冲突。例如,有的学生在恋爱中,不幸落入三角恋或多角恋的感情漩涡里,痛苦异常、妒火中烧、忧心如焚,难以自拔;也有的由于恋人间无休止的矛盾冲突和猜忌误会等,使双方陷入忧心忡忡郁郁寡欢之中;也有的是由于家庭和社会方面的某些原因,从而造成有的恋人间无法继续维持和深化爱情,从而产生巨大的精神痛苦和压力等。这些感情纠葛同其他恋爱挫折一样,也会严重影响学生正常的恋爱生活和心理健康。

2.高校学生健康恋爱心理的培养

（1）区别友情与爱情

异性学生间的友情与爱情,有时会交织在一起,犹如孪生的姐妹、色彩各异的并蒂花那样,很难辨别清楚。但是它们之间既有相似之处、又有不同之点。总体来看,异性青年的友情是爱情的最初表现形式,但是友情并不等于爱情;爱情是友情发展的一种结果,而异性友情并不必然发展为爱情;爱情是友情的延伸和继续,而不是友情的结果;获得爱情的人同时会享受到友情的芬芳,而获得友谊的人则并不都能体验到爱情的韵味。

爱情是一种专一的感情,具有封闭性、排他性;而友情则产生在普遍的人际关系中,是开放、广泛和可以传递的。爱情具有"隐秘性",人们往往不愿在众目睽睽之下谈恋爱,把自己爱情的言行公开在他人面前,但友情则是公开的,不管是友情的对象还是表达和交往的方式。友情与爱情的不同还表现如下。一是交往不同:友谊最重要的交往是彼此的相互了解,而爱情是依靠感情而对对方的美化,人们往往很难像分析好朋友一样分析爱人的优缺点。二是地位不同:朋友之间立场相同,地位平等,既有人格的共鸣,亦有剧烈的冲突;而爱情则有一体感,二者不是互相碰击,而是互相融合。三是变化不同:友谊可能是暂时的,因环境的改变、工作的变迁、思想的分歧而随之发生变化。爱情则是长久的、永恒的。四是责任不同:友谊关系主要承担道德义务,朋友之间要做到忠诚热忱、友爱互助,要讲原则明是非;而爱情关系的双方不仅要承担道德义务,结为婚姻关系后还要承担法律义务。

高校生活中,友情是学生人际交往的重要方面,它为高校学生生活提供了和谐、理解的气氛,使朋友和同龄人的意见更易于吸收,为学生个性心理发展创造了良好的环境,同时同学之间的友好交往会使大家感到集体的温暖,有利于解除个人的孤独感,有利于培养学生良好的心理素质。友情的存在,给了在集体中生活的同学感情上的慰藉、生活上的帮助、学习上的指导和同龄人之间的理解。因此,学生更需要友情,同时更应注意正确区别友情与爱情,认为男女之间只有爱情没有友情,或者错把友情当爱情,都不可能获得真正的友谊和爱情。只有正确地区别了友情与爱情,才能去大胆建立友谊,建设爱的桥梁,才能实现对爱情的向往和追求。

（2）把握感情之舵

在恋爱过程中,强烈的情绪体验,使爱情强烈、奔放、焕发,使生活五彩缤纷,使恋爱过程甜酸苦辣俱全,从而大大地丰富了爱情的浪漫和吸引力。它还能提供巨大的动力,在它的"驱使"下,青年想念心爱的人会彻夜不眠;看上理想的异性后,可以花几天时间写一封有生以来最费脑筋的长信;约会时,宁愿跑得大汗淋漓,也不迟到一分钟。它还具有一定的评价作用,青年在恋爱时,有时对对方的某些优点没有明确意识到,那么此时产生的情绪反应和情绪体验,会使其知道自己最喜欢的是什么,自己爱上了对方哪些方面。但是,在这种情感的影响下,青年的某些心理过程也会产生特异的改变,出现一些和平常不同的特点。比如,热恋中的男女,相恋情感高涨而理智有所蒙蔽,"情人眼里出西施",这似乎是爱情领域中一种规律性的现象。在这种现象的作用下,他们感到对方完美无缺,只看到对方的优点,看不到对方的缺点,甚至把缺点看成是优点。如果别人指出恋人的缺点,就会觉得别人多事。他们总夸大自己与恋人之间的相似性,抹杀其间的差别,感到对方非常理想,将对方偶像化,用自己的想象去补充美化自己希望爱慕的东西。

爱情的这种现象是由于爱的"炽热""融化"了自我,并且具有如下特点:失去独立意志,完全与恋人保持一致,似乎"注射"了对方的灵魂;盲目崇拜或听信恋人,似乎对方说的一切都有道理,自己却显得十分幼稚,因此变得朴实谦虚起来;舍弃自己的个人利益,积极主动地迎合恋人的愿望,为对方做自己能够做的任何事情,只讲贡献,不求索取;还会变得宽容,容忍对方的某些缺点和不足。大学生从少年期刚刚过渡到青年期,生理成熟的速度高于心理发展的速度,更高于道德认识的速度。他们阅历浅,人生观和性格还不定型,对恋爱婚姻问题缺乏全面的认识。因此,极易放纵感情,造成不应有的失误。

大学生有必要把握好情感之舵。如果一个人个性失去太多，就会变得脆弱，使对方感到失去了爱慕的对象和客体，也会失去魅力。如果过分地迎合对方，还可能使自己的个性特点逐步消失或者畸形发展，甚至为对方干出一些不正当的事情。爱情的发展和增强也有强大的推动作用，使恋人的形象在头脑中理想化，剔除了其中引起不良体验的部分，爱情会由此而变得更加纯洁、强烈，更令人向往。然而爱情也能使当事人产生错觉，甚至对恋人的某些本质性缺点视而不见，把友人的好心忠告当作耳旁风，一意孤行，酿成大错。一旦冷静下来，理想的光环失去，才发现对方并无想象中的光彩，因此青年在恋爱时，客观的评价是非常必要的。

热恋中的双方情感专注热烈，指向性很强，他们心中只记挂着对方，恨不得时时刻刻在一起，而对两人感情活动以外的其他活动兴趣不大。高校学生要控制这股如火的热烈情感，并使之成为学业追求的动力。

（3）纯真、自然交往

男女之间的爱情是一种纯真而美好的感情。这种纯真的爱情生活，是人类的一种高尚的精神生活。只有在这种爱情基础上发展起来的恋爱和婚姻关系，才是美满和幸福的。在恋爱过程中要做到如下几点。

①真诚相见。彼此感到对方信任自己，并且感到对方值得信任，忠诚老实，两人在相互的展示中，能够找到更多的共性，产生较强的共鸣。

②互相尊重，讲求礼貌，平等相待。恋爱双方都应是平等的，每个人都应该尊重对方的看法，尊重对方的选择和行动自由，不应以"主人"或"支配者"的地位自居。

③互相谅解、尊重人格、互相帮助。帮助对方解决各种困难和难题，是感情培养的重要方向。每个青年人都需要爱情，但每个人也都需要别的东西，像理想、事业、前途等。如果一方在建立爱情的同时企图取得这些东西，另一方要支持恋人的追求，这样两人的心会贴得更近。爱情是男女两性交往和精神交流的产物，尽管离别助长爱慕，但在爱恋中有一定的交往频度还是必要的，特别是在感情建立初期更是如此。不过，交往不应过于频繁，有的人一爱上对方，恨不得整天待在一起才好，这不但浪费时间，也不利于感情培养。接触过频，有时会感到发展过快，不能冷静考虑。有时也会因过于熟悉，慢慢失去激情和新鲜感，使人觉得爱情生活过于平淡枯燥，缺少令人兴奋的内容，感到对方身上的理想和色彩慢慢消退，失去吸引力。爱恋不等于结婚，所以必须保持一定的距离，

善于用恰当的形式表达自己的爱情,正像俗语说的:真正爱情的表达不是用嘴,而是通过全部生活来体现的,真正爱情的接受不是用耳朵,而是用心灵来体验的。

爱情的甜蜜和幸福并非只表现在相互亲昵之中,它还包括在事业上的相助、学习上的互帮、生活上的互相体贴、患难之中的互相扶持。工作学习是无止境的,亲昵则应当适可而止,应主动参加一些有益的集体活动,到朋友中去,到大自然中去。

（4）践行爱情道德

自古以来,人们都赞美坚贞的爱情,真正的爱情经得起人生道路上的种种曲折、磨难的考验,使人们在艰苦的生活和工作面前能够互相激励,增强信心和勇气,所以说它是一种特殊的情感。这种情感应该是强烈而持久的,绝不是一时的感情冲动,而应当是纯洁而又高尚的;绝不允许存在别有用心和虚伪,而是应该面向生活并有明确的责任和义务;绝不能脱离生活和实际困难而空想。美好的爱情应当是单一的、强烈的、持久的,这样才能使生活更加美满幸福。诚实专一是恋爱道德的核心,只有诚实专一的阳光雨露,才能培育出艳丽的爱情之花。当然,在一个青年即将进入恋爱生活的时候,他有权进行选择,一个人在几个人中选择自己的对象,看看与谁建立恋爱关系合适,这是允许的,也是必要的。但是,这种选择更多地应该在友谊的基础上进行,然而我们都知道,友情没有数量和性别的限制,爱情则除了友爱之外还有性爱的因素等,因此一个人不能同时与一个以上的人发生爱情。搞三角恋爱,不管是认识上的不足还是出于其他什么动机,都是玩弄、伤害他人感情的行为,给别人带来的只有痛苦。总之,交友可以广泛,爱情只能专一,一心一意者高尚,心猿意马者糊涂,来者不拒者虚荣,左右逢源者轻薄,游龙戏凤者堕落,门当户对者封建。

婚姻恋爱的实质,就是经过慎重选择,由两个人参加、结成生活道路上共同战斗的忠诚伴侣,并且产生第三个人,即一个新的生命,组成一个家庭生活单位,成为社会中的一个细胞。因此,践行爱情的道德要求是十分重要的,因为它不是纯粹个人的私事,而是要对双方负责,要对后代负责,要对社会负责。真正的爱情必须是忠实的,既然在爱情上做了慎重的选择,就要对彼此间的爱情负责,承担道德上的责任和义务。一个人爱另一个人或接受另一个人的爱,那么他对另一个人便承担着严肃的社会和心理责任。有人说这是做感情的奴役,但是列宁说:克己自律绝不是奴役,它们即使在恋爱方面也是必要的。

(三)高校学生的心理挫折管理

1. 高校学生遇到挫折后的心理问题

人们遭遇挫折后,在情绪和行为上的表现往往以综合的形式出现。但常见的反应有以下几类。

(1)攻击

高校学生受到挫折后常产生愤怒情绪,并直接导向造成其挫折的人和物,表现为对人的嘲笑、谩骂、诽谤或拳脚相加甚至损坏公物等行为,此为直接攻击。在高校学生恋爱失败后的恶意中伤及暴力行为就是此类表现的最好说明。一般来说,直接攻击多见于对自己充满自信、具有某种"实力"者,易将愤怒情绪向外发泄,表现为直接攻击行为。转向攻击则易出现在自信心不足者身上,把攻击对象转为自己,产生自责、自罪情绪,或将不满情绪发泄到其他人或物上去,把无关者作为"替罪羊"。产生自责、自罪者,往往导致自尊心受挫,产生无助、无望情绪,高校学生中的心理障碍及自杀行为多由此而来。

(2)焦虑

这是指个体在自己或自己所关心的人的心理、生理、社会生活等方面受到威胁时,所激起一种不愉快的情绪反应,是一种隐隐约约有害的预感。这种紧张不安、急躁、忧虑、抑郁的消极情绪,能使人陷入茫然无措的痛苦状态中。焦虑是高校学生中最常见的一种情绪反应,他对个体的学习、工作和适应环境有积极的和消极的两个方面的作用。适当的焦虑可以使个体发挥潜力,增加个体随机应变的能力,考试前温课迎考期间的焦虑可提高复习时的学习效率早已是众所周知的。但焦虑过度或持续较久会导致神经精神状态的失调,影响人的正常生活。

(3)退化

当一个人遇到持久或重大挫折时,表现出与自己年龄身份不相称的幼稚行为称为退化。在极端情况下,甚至会在心理上倒退到婴儿阶段。如遇到挫折后的哭哭啼啼、吵吵闹闹,或是出现一种病态表现,以求得教师、家长和同学的同情和照顾,从而摆脱困境。高校学生中遇到挫折导致一系列的不成熟行为表现即属于此。

（4）冷漠

个体对引起挫折的对象无法攻击，又无适当的发泄对象，只好将其愤怒的情绪压抑下去，表现为冷淡、无动于衷，没有喜、怒、哀、乐的表情，也见于长期反复遭受来自同一因素的挫折而无法摆脱的情境下。

（5）固执

挫折引起个体反复进行某种无效的动作，称为固执。这类动作对目标的达成、需要的满足并无帮助。固执的行为呆板，具有强制性特点，因此往往不能被更适当的行为所取代。由于行为的凝固化，使效率大为降低。在教育实践中，曾见到一位同学，整日坐在教室中看书，但没有看进去，问其阅读效果，回答说是坐上半天看不了几行字，明知这种学习方法不对头，但仍固执地实施这种刻板行为。

2. 高校学生常见的挫折调节方法

在高校教育中，针对学生的挫折心理自我调节方法有以下几种。

（1）自我安慰法

一个人在痛苦、不幸、打击和逆境面前，只要能够有效地进行自我安慰和鼓励，就会感到有一股内在的力量，就能够从挫折情绪中振作起来。所谓自我安慰，是当自己受到挫折或目标无法实现时，可以找出合乎内心需要的理由去说明辩解，以缓解精神上和情绪上的痛苦和打击。比如，寻找理由强调自己的行为是对的，以此冲淡心理的压抑，增强调节挫败情绪的信心和勇气。暗示是人类特有而又普遍的心理现象，它既可以用含蓄、间接的方法，也可以用内心的语言对人的心理状态产生迅速影响的过程。通过语言和文字可以起到控制挫折心理的作用。例如，当遇到使人愤怒的事情易激动时，默默告诫自己："千万别发火！要沉着！"；在考试前对某门课程没有把握时，可以暗中安慰自己，"别紧张，别着急，没问题"。通过这样简洁、针对性很强的语言暗示和心理暗示，使自己从愤怒、恐惧等不良情绪中解脱出来，或者至少也能得到一些安慰。

（2）情绪转移法

情绪转移法是指把隐藏在内心的不良情绪投射到他人身上或某种活动中，以此达到内心解脱的心理现象。心理学家认为，在产生情绪反应时，人的大脑中有一个较强的兴奋灶，此时如果另外建立一个或几个新的兴奋灶，便可以抵消或冲淡原来的兴奋中心。所以，当自己的情绪不好,遇事火气上涨时,要有意识地转移话题或做点别的事情,分散注意力,也可以缓解消极的情绪。有的人生起气来就拼命地干活,这就是一种转移和宣泄。也可以采用散步、打球、听音乐等有益身心健康的活动。另外,为了减轻某些事物造成的痛苦,调节挫折情绪,在有意识地进行情绪转移的同时,学会主动地遗忘,转移注意力和兴奋点,强迫自己去忘却,学会从挫折情绪的包围中走出来,它将会起到积极的调节作用。

（3）自我控制法

自我控制也叫"自制力",包括对自己的行为和言语的控制。它是意志力的一种表现。当遇到挫折、不幸、不愉快事情或使人气愤的事情,可以采取忍耐态度,自觉地克制自己,忍受内心的痛苦和创伤,不发表激烈的言辞,不做出冲动的行为。在挫折面前,要冷静地审察情势,检讨反省、思考发怒后果,用理性认知来控制情绪。这样可以减轻心理紧张状态,促使不良情绪趋于平和。

（4）精神专注法

专注是指使人进入一种忘我的境界。在这种专注的状态中,可以排除外界各种情况的干扰,从容不迫地保持内心的宁静和头脑的清醒,全神贯注地从事某一活动和事业时,其他烦恼、痛苦、焦虑、担心等都会被抛在一边。专注是一种调节挫折情绪的较为实际而又可行的方法。

（5）幽默取代法

只有了解世界上最愉快事情的人才能处理世界上最为麻烦的事情,这句话很有哲理性。幽默是一种智慧,是能帮助个人适应环境的工具。它能帮助人们快乐,从烦恼和悲伤中解脱出来,它可以调节人们内心的不协调,给人们带来轻松、平等、亲切的感觉。幽默的人会以机智的头脑、渊博的知识,诙谐地揭露事物的本质与不合理的成分,使人容易接受。遇到挫折时,常常去看看幽默大师的表演、幽默的典故;或在内心用幽默的语言跟自己开个玩笑,自我解压、自我消遣一番;或将自己内心的活动下意识地表现出来,就会使创伤心理得到宽慰。

第三节 高校学生人际交往管理

一、高校学生常见的人际交往问题

（一）交往需要迫切，主动精神欠缺

人际交往是人的基本需要，当代高校学生的交往需要更为强烈、更为迫切。高校学生希望广交朋友，不但想交校内朋友，而且想交社会朋友，渴望建立广泛的友谊。在交往需要的深度上，高校学生也希望深交朋友，交知心朋友，能够推心置腹、交流情感，相互理解、互相帮助。高校学生迫切的交往需要反映出他们交往意识的强化。

（二）注重横向交往，忽视纵向交往

所谓横向交往，是指高校学生之间以及与其他同龄青年之间的交往；所谓纵向交往，是指高校学生与教师、家长等长辈之间的代际交往。高校学生交往的一个显著特点就是注重横向交往而忽视纵向交往。

同学之间理想信念一致，兴趣爱好类同，有共同语言，加之青年期特有的不安和孤独感，他们渴望在同龄人中建立友谊，寻找"知音"，所以学生普遍发展横向交往。在横向交往中，学生能够相互砥砺，共同进步，相互学习，取长补短，相互理解，解除烦恼。

教师不仅是学生的知识传授者，而且也是学生的做人楷模。与品德高尚、知识渊博的教师结成忘年之交，学生往往可以受益终身。但是，大学生往往不太注意与教师交往，除上课之外，其他时间很少与教师接触，有时甚至是故意回避，敬而远之。由于成人感和独立性的增强，学生对于家长主要是在生活上依靠他们帮助，思想上的交流很少，事实上，学生与长辈之间存在着"代沟"。

（三）交往内容丰富，哥们义气较重

在交往内容方面，高校学生参与意识强，视野开阔，兴趣非常广泛,因而他们的交往活动内容丰富,形式多样,既有"官方"组织的各种正式社团,如政治型、学术型、兴趣型、服务型的学社、协会;也有"民间"自发的多种非正式群体,如地缘型、情感型、娱乐型、吃喝型的无形网络。

从总体上看,高校学生交往的内容是健康的,对人际关系和个性发展都起到积极作用。即使是非正式群体,其主流也是好的,必须予以肯定。值得注意的是,在非正式群体交往中存在"哥们义气"的庸俗化倾向。例如,见到哥儿们与人吵架,不问是非曲直,群起而攻之,为"兄弟"两肋插刀,江湖义气甚浓;更有甚者,无视学校纪律,考试联合作弊。高校学生交往十分重视感情成分,这本是其优点,但过分强调感情,甚至以感情代替理智,以哥儿们义气代替原则和纪律,就过头了。

二、高校学生融洽人际关系的塑造

（一）树立良好的人际交往形象

一个人能否在人际交往中被别人理解,为社会接纳,同自身的人际交往形象有很大的关系。

（1）要在谈话中善于聆听。要想获得别人的欢迎,必须学会听别人说话。与人交谈时,首先要选择合适的话题,使双方思想、情感都可以抒发出来;其次要相互倾听,不要随意打断对方的讲话,切忌喋喋不休,没完没了,却不管别人怎样说。要知道一个善于听人说话的人,远比一个专爱述说自己意见的人更受欢迎。

（2）要诚心赞美别人的长处。社会心理学的研究表明,人们总是喜欢那些与自己的愉快经验有关的人。人人都喜欢被人诚意尊崇,有人以为正是这种天性分离了人与禽兽并造就了人类的文明。正如英国大文豪萧伯纳指出的:"我们总是爱那些赞扬我们的人,而不爱为我们所赞扬的人。"

（3）要守诺言,讲信用。《论语》说:"与朋友交,言而有信。"信用是成功的伙伴,信用是无形的资本。言而无信者是不会得到别人信任的。没有把握办到的事,不如晚一点"拍胸脯",答应人家的事则要努力做成,尽力而不成者,亦如实说明。信口开河,让人家空欢喜的做法,万万不可取,否则失信于他人,他人会对你敬而远之。

（4）不搬是非,勿弄长舌。别指望人家会在你的说东道西中对你产生好感。生活中难免有各种闲言碎语。对此,除了善意地做些减少摩擦的工作外,最好是不要管别人的闲事,不搬不传,有能力便做善意的调解,否则,"听之任之"。

(5)要不卑不亢,落落大方。既不能因为自己的阅历、地位或其他条件优于他人而盛气凌人,亦不为自己在事业上遇到挫折而低三下四,对上不趋炎附势,对下不趾高气扬,任何时候都表现得落落大方,热情向上,别人更乐意主动接近你。

(6)要保持往来,礼仪有度。双方接触的次数越多,越易消除隔阂,讲究礼仪的来往,能够沟通情感,密切关系。

(二)确立正确的交往准则

为了克服高校学生交往中"哥们义气"的庸俗倾向,保证高校学生交往活动的健康发展,一方面,我们应该净化社会环境,消除社会不良交往风气对高校学生的消极影响;另一方面,我们应该对高校学生加强思想教育,帮助他们确立正确的交往准则。

高校学生的交往活动应该建立在社会主义精神文明的基础上,遵循社会道德规范,遵守学校的规章制度。只有这样,才能真正建立健康的人际关系,增进相互间的友谊;否则,吃吃喝喝,交酒肉朋友,朋友犯了错误,视而不见,听而不闻,甚至包庇纵容,这样的"哥们义气"不是真正的友谊。

由于学生的哥们义气主要存在于非正式群体之中,因此我们要重视做好非正式群体的引导工作。非正式群体是学生交往的普遍形式,它的存在具有客观必然性,是不以人的意志为转移的。但是,非正式群体发展成什么样的状态,却要决定于人的主观因素。如果一个非正式群体的成员能够遵守正确的交往准则,那么整个群体的理智成分上升,哥们义气下降;反之,则理智下降,哥们义气上升。由此可见,做好非正式群体引导工作,关键在于帮助学生确立正确的交往准则。

(三)提高人际交往的能力

高校学生投身于改革,服务于社会,就要掌握和运用一定的交往艺术,首先从自己所在的班级开始进行人际交往,真正成为班集体的一员,进而参与社会的交往,让社会接受自己。

(1)掌握科学的交往艺术。在复杂的人际交往当中,蕴藏着丰富的

交往艺术,它的内容是多方面的,包括交往的时机、场合、方式、风度、角色、语言等。这里仅谈如下几个方面:

第一,要有洒脱的交往风度。所谓交往风度,就是人在交往活动中一切言行举止概括的总称,是个体心理素质和气质修养的外部体现。

第二,要进入角色。角色意识不仅是交往的前提,也是取得成功的重要因素。首先要严格把握角色的规定性。不同的角色具有不同的特征。在家里,有父亲和母亲、丈夫和妻子及儿女等角色;在工作单位,有经理、厂长、工人、职员等角色。每个角色都具有特定的职能和行为规范,不能混为一谈。其次要细心地把握角色的变换性。所谓"己所不欲,勿施于人",就思维方式而言,学会角色互换要求人们从我向思维转向他向思维,设身处地地从对方角度,把行为主体的自我当作客体的自我来审视和评价。

第三,要讲究语言艺术。语言是人类进行思维和交际的工具。交往双方通过语言开启对方心灵的门扉,或传递社会生活信息,或提出批评与建议。一个人只有丰富自己的语言"仓库",不断提高驾驭语言的艺术,才容易获得成功。掌握语言艺术有如下基本要求。其一,说话要因人而异。根据交往对象的性别、年龄、职业、生活阅历、社会地位等不同情况采用不同的语言和口吻。例如,与知心朋友可以开门见山,推心置腹;与生人交谈要讲究分寸;与异性交谈要文雅得体等。其二,谈话要看场合。不同的场合要求人们交谈的内容和方式有所不同。例如,待客要热情,作客要注意礼仪。其三,注意语言表达技巧,其基本要求是叙事条理清晰,层次清楚,富有逻辑性;表达生动,有声有色,具有形象性;情真意切,平易近人,具有感染性;穿插事例,比喻新颖,具有趣味性;吐字清晰,表达贴切,具有准确性;回味无穷,循循善诱,具有启发性。其四,不说与主题无关的废话、玄话、大话、套话和假话。其五,善于运用礼貌语言。如"您好""请""对不起"等语言,既能拉近双方距离,又能反映出一个人的思想修养水平。其六,善于运用"体态语言"。讲究"体态语言",一方面重在发挥手势的作用,手势可分为情意手势、指示手势、象形手势和象征手势;另一方面又应充分发挥面部表情的效应。

第四,要有适当的交往尺度。人际交往的"四度"包括向度、广度、深度和频度。向度,是关于交往方向性的量度。广度,是关于交往范围的量度,包括交往人数的多少。深度,是关于交往情感状态的量度,即交往双方相互介入对方内心世界的深浅,交往中所涉及的事物的重要程度及人际关系的层次类型等。频度,是关于交往次数的量度,即指交往双方在一定时间内平均交往次数的多少。在交往的向度、广度、深度和频度上,要掌握适度的原则。适度的含义包括两方面:一方面要处理好与不同交往对象之间的关系等,在深度和频度上既允许有不同,但又要避免使人产生厚此薄彼的感觉;另一方面,要处理好交往活动与其他学习、工作、事业等的关系,二者要兼顾、互相促进,而不能互相影响干扰。

综上所述,人际交往中包含着许多科学与艺术,只有不断地探索和实践,才能真正地把握住人际交往中的艺术方法。

(2)真正成为班集体的一员。高校学生入校后组成的第一个大家庭就是班级,他们从这个集体中汲取力量和得到友爱,展开一段难忘的高校生活。首先,班集体可以培养学生的集体主义思想。其次,班集体是影响学生学习进步的一个重要因素。要使班集体真正成为学生的家,首先要求大家处理好个人与集体的关系。

第一,班集体内的人际关系。一般地,班集体内的人际关系有三种:一是互相选择的交友关系;二是互相排斥的矛盾关系;三是既无选择又无排斥的一般关系。一个良好的班集体应表现出交友关系多、矛盾关系少。

第二,真正成为班集体一员。每位学生都希望自己所处的集体是团结、友好、充满温暖的。然而,同班、同寝室同学之间会常有矛盾发生。有矛盾并不意味着不团结,但如何解决这些矛盾,则可以看出这个集体的力量。这里的关键是个人要使自己真正成为班集体的一员。

第四节　高校学生创业就业管理

一、高校学生创业管理

(一)高校开展创业教育的必要性

1.高校应当成为创业教育的突破口

创业是社会发展的动力。在当前形势下,宏观就业形势非常严峻,如何加强高校学生创业意识和技能的培养,以创业带动就业,成为一个颇具紧迫性和时代感的命题。高校在产学研结合方面具有独特的优势,特别是在促进产业结构调整升级、发展新兴产业等方面具有重要作用,这为开展创业教育并探索毕业生自主创业提供了先天条件。应该看到,高校教育在本质上不单是"找饭碗教育"还是"造饭碗教育",其明显的区域和行业特色可以为创业提供有利条件。因此,应把高校作为重要突破口,加强和改进创业教育。

开展创业教育是世界高校教育发展和改革的新趋势。联合国教科文组织多次强调要在高校教育领域加强创业教育,并提出创业教育是继毕业文凭、职业技能证书之后的"第三本护照"。世界上许多国家也都把创业教育渗透到国民教育的各个层次。

高校教育是为社会培养应用型人才的就业型教育。以市场需求为核心,以职业岗位为依据,以职业能力为本位,以服务为宗旨,以就业为导向,从职业教育的使命出发,注重学生职业能力和素质的培养,坚持按岗位标准要求设定特色鲜明的人才培养目标,构建多元化的人才培养模式。营造"想创业、敢创业、会创业"的氛围,建立健全职业介绍、创业指导、创业培训有机结合的工作机制,促进高校学生顺利就业和自主创业。

2. 创业并不一定需要高学历

成功的道路不止一条,正所谓"条条大路通罗马"。要坚信道路无所谓好坏,关键在于是否适合自己。一般来说,学历是一个人具有一定文化知识水平的标志,说明一个人受教育的程度。衡量一个人的阅历,往往把学历作为一个重要因素考虑。但学历只是一种标志、参考,学历不等于人才。有些人虽然学历不高,但通过自学和长期工作锻炼,逐步掌握本行业的技术和知识,亦可以取得巨大成果的。文凭是一个人学历高低的证明,但并不完全是知识深浅的凭据。

社会是一个实践的大课堂,每个人都要在这里学习生存和发展的真本领。因此,学习是一个贯穿人一生的过程,只有在学习中创业,在创业中学习,才会取得真正的进步。[①]

---

① 冯丽霞, 王若洪. 创新与创业能力培养 [M]. 北京: 清华大学出版社, 2013: 34-36.

（二）高校学生创业能力培养

创业能力是人们从事某项职业必须具备的多种能力的综合，是择业的基本参照和就业的基本条件，是胜任职业岗位工作的基本要求，也是个人立足于社会、获取生活来源、取得社会认可、谋求自我发展的安身立命之本。创业能力是综合能力，是多种能力的集合体，创业能力应是针对创业这一特殊活动的能力需要所进行的考虑和划分。[①]

1. 创业者独立能力

社会实践是培养和锻炼独立能力的最好课堂。要理解和领会独立能力对于创业的重要意义和作用，从锻炼自己的独立生活能力开始，逐步在各种社会实践活动中学会生存，养成自己动手、动脑和独立生活学习的良好习惯。

（1）独立生存能力

在人生的道路上，每一个人都要迈过许多门槛，诸如学业、事业、爱情、家庭等要取得成功，首先要具备独立生存能力。其中包括独立生活能力和独立活动能力。

①独立生活能力。父母疼爱儿女的心情是可以理解的，但有的人在日常生活中对家人的依赖性很强。培养独立生活能力，一定要有脱离父母照顾的勇气，从自己的日常生活小事做起，如自己整理书包和抽屉、叠被洗衣、钉扣缝带、清扫垃圾、学做饭等等，遇到问题也不要急于向别人求援，试着自己解决。时间长了，就可以逐渐养成良好的独立生活习惯。

②独立活动能力。独立活动能力是创业者必备的条件之一。无论是创业初期的选择目标、制订计划、筹建场地，还是创业过程中找原料、跑市场、接待顾客、联系业务等都需要创业者独立筹划、安排。独立活动能力强，则事业兴旺；反之，就很难成就事业。独立活动能力是在社会实践中锻炼、培养出来的。对于这场自断后路的独特考试，这些高校学生们实际上都是胜利者。因为他们敢于独立面对陌生的社会，有勇气面对自己的弱点，也开始真正了解自己和社会。

（2）自学能力

自学是依靠自己已有的认识、智力和经验去获取新的认识和新技能

① 詹先明.高职院校创业教育与指导[M].合肥：合肥工业大学出版社，2009：69-70.

的一种能力,即会读书、会查阅文献资料、会使用工具书,在学习过程中独立思考、提出疑难问题、深入研究和解决问题,并掌握新技能。学校教育固然重要,但不能代替自学。社会越发展,科学技术越进步,自学作用就越大。要想跟上时代,就应该不断努力学习。创业者成功的实践证明:自学能力的有无与强弱,对事业的成败有着重大的影响。

①自学是创业者的必备能力。当今世界,新发明、新创造、新信息、新技术日新月异,层出不穷。各种知识和技术在发展、在进步、在更新。学生在校时间有限,学到的东西也有限。当其走进社会后,还可能面临更换职业的挑战。因此,如果能够有较强的自学能力,为终身学习奠定基础,离开学校后仍然可以"无师自通",使自己的知识不断更新,知识、智力、能力等结构不断趋于合理完善,根据创业实践的需要去寻找相关的知识来解决问题,为将来的发展和创业打好基础。

②自学是创业者成功之路。自学历来都是提高个人素质的重要途径,是造就创业人才的重要方法。无论是谁,要想有所作为,成就大业,都离不开自学。古今中外自学成才者不胜枚举,均堪称楷模。

③自学能力的培养和锻炼。

其一,确定目标,集中精力。凡是在事业上有较大成就的人,无不努力把一生中大部分时间和精力,集中在一个具体奋斗目标上。有志气的青少年应该根据社会和国家的需要,选择自己的创业目标,紧紧围绕该目标涉猎知识、收集信息、积累资料、掌握技术,做到杂而不乱、广而不疏、平而有尖、专博结合,力争早日出成果,早日建功立业。

其二,珍惜时间,提高效率。要想在有限的生命中成就一番事业,就必须珍惜时间,赢得了时间就赢得了成功。要科学地运用和支配时间,一要制订并严格执行严密的时间计划;二要集中精力提高单位时间的效率;三要劳逸结合,善于休息。

其三,勤奋努力,持之以恒。人的智力固然存在着个体差异,但即使天资好的人,如果不勤奋努力,也不会有什么惊人的成就,关键在于勤奋。自学必须下最大决心,以最勇敢的精神、顽强的意志,勤奋努力地学习,方能产生效果。自学并不难,勤奋吃苦、坚持到底却很难。要勤奋,就要和懒惰做斗争,懒惰是勤奋的大敌,使人精神萎靡、意志消沉、生活懒散、智力衰退、贪图安逸、不求进取,对事业、对身体都有百害而无一利。

其四,科学总结,提出新的学习目标。一要有意识地培养和锻炼自学能力,养成独立思考、独立分析的习惯;二要不断学习和总结适合自己的学习方法,诸如读书、听课的方法,自我提问加深理解的方法,自学中排除疑问的方法,增强记忆的方法,及时总结不断提出新的学习目标的方法等;三是要充分利用图书馆、资料室、信息网络等,学会搜集整理资料。

（3）动手能力

高校的毕业生,经过十几年的学习,掌握了一定的文化、科学和技术。职业岗位多数是在社会生产第一线,主要从事生产管理、操作等实际工作。动手能力强应是高校学生的主要特色。

创业活动中,除智力因素外,还需要创业者心灵手巧,善于操作,否则会陷入"心有余而力不足"的窘况。实践证明,凡在创业活动中做出一些成绩的人,大都具有不同凡响的动手能力。

2.创业者专业能力

无论是专业知识还是经营管理能力都属于专业能力。专业在信息的层面叫知识,在操作的平面叫技能。

（1）专业知识

生活中有一种志大才疏的人,把专业知识运用于实际的具体实施能力很差,只会纸上谈兵。不是自己选修了某项专业就叫有了专业能力,专业能力必须经过修炼。修炼不仅是指有理论和知识方面的储备,更包含在实际中运用理论和知识深入研讨和琢磨,进而解决实际问题,并有所前进、有所突破的过程。

（2）经营管理能力

①人力资源管理。"企"业中的企字,有人解释为到"人"为"止"。企业的根本问题是人的选择和使用问题,企业最大的资源是人力资源。

②营销管理。营销管理也可简单地划分为产品定价和销售制度。

产品定价:首先是锁定消费人群的购买力问题;其次是了解竞争对手的销售价格范围;最后是确定企业产品的成本和利润期望值。一般来说,产品定价在产品的销售率和利润率之间摆动。最终企业根据自己的市场定位和竞争战略来作取舍。

销售制度:销售制度的基础是销售模式。进行市场营销首先要确定营销的模式,如直销、分销、连锁、代理等都属于营销模式。确立了营销模式,就可以确立营销系统中各参与方的利益分配,清晰、明确、诱人的利益分配形式是推动营销迅速开展和持续发展的动力。最后就要对营销员工进行营销理念培训。

（3）财务管理

财务管理从宏观上来看，是人和事、生产和销售中的经营管理；从微观上来看，就是一串串数字流的变化。赋予数字实质的内涵是现金流。财务管理涉及的范围广大，不是三言两语可以说清的，在此不再赘述。需要强调的是，许多创业的失败是现金告罄，后续资金跟不上，不得不半途而废。有人说过这样的一句话：不管你准备得多详细，考虑得多周到，真正实施创业计划时，记着，现实需要的现金仍是你计划的两倍；即使创业成功进入了良性运作阶段，企业真正的风险仍是现金流的中断。无论是企业的设备、不动产、产品和原料都不是最重要的，许多企业破产都不是因为没有了资产，而是没有了现金。现金是企业的血液，任何时候的现金短缺，都会导致企业瘫痪。因此，创业不仅需要节约每一分钱，更重要的是控制现金的无节制物化。

3. 综合职业技能

我们面临的时代有一个非常显著的特点，就是供需关系不断变化引起产业经营目标和方向的多变性，以及为适应这种多变性，社会行业和职业正在向综合、交叉的方向发展。因此，多方面的综合知识和职业技能将极大地帮助我们取得成功。近几年来，我国各地的学校普遍开始进行能力素质本位的教育改革，力图适应时代潮流，注重培养学生多方面的能力技能和这些能力技能的综合应用，创业教育就是其中非常重要的一个方面。所以，在学习中，必须注重拓宽自己的知识领域，扩大自己的视野，掌握综合分析和解决问题的方法，从而更好地适应社会发展的要求。

二、高校学生就业管理

（一）高校学生的职业生涯规划

1. 高校学生职业生涯规划的意义

职业生涯规划不仅能够帮助个人实现目标，还能帮助个人真正地了解自己。概括来说，职业生涯规划的意义包括以下几个方面：

（1）帮助高校学生树立正确的择业观念

时下就业市场上之所以会出现"公务员热""金融热"等现象，很重要的原因就是很多高校学生一味地追随大流，或者仅仅认识到社会环境对职业发展的影响，而没有考虑到自我的身心特点和未来发展的目标。没有正确的择业观念，带来的结果往往是就业中的四处碰壁，或从事了一个不适合自己的职业，导致个性被压抑，能力被限制，生活上郁郁寡欢，事业上步履维艰。"三百六十行，行行出状元。"对于有抱负的人而言，其实大多数职业都有广阔的施展空间，都能给人生带来成功的荣耀。正确的择业观念应当是自我认识、环境认识、价值目标认识的系统结合。而职业生涯规划可以帮助个体在此基础上树立具体的、有针对性的择业观念，从而对机遇的把握更为全面和深刻。

（2）有利于促进个人努力工作

职业生涯规划的制定将会给个人树立一个明确的标靶，明确了目标，个人才能奋勇前进。随着职业生涯规划内容一步一步地实现，个人的成就感会不断地增强，这将有利于促进自己进一步向新的目标前进。随着职业生涯规划的不断实现，个人的工作方式和思维方式也将不断地完善。

（3）有助于个人评估自己的工作成绩

职业生涯规划的一个重要功能就是向个人提供了一种自我评估的重要手段，具体规划的每一步实施结果就是可见、可测和可评的。制定了职业生涯规划，个人就可以根据规划的进展情况对自己目前已取得的成绩进行评价。

在当前这个时代，只有制定一个合理的职业生涯规划，我们才能掌握好自己的竞争优势，发挥个人的潜能，并充分把握稍纵即逝的机会，实现预定的目标。

（4）促进个人全面发展

随着生活水平的提高，人们的自我意识逐步增强，人们的要求已经不仅仅是停留在健康、财富的基础上了，而是渴望获得全面发展，高校学生要对自己有一个全面的认识，要根据自身情况选择人生的发展路线，这就离不开职业生涯规划。

（5）帮助学生立足现有成就确定高尚奋斗目标

事实证明，许多在事业上失败的人，并不是没有知识和能力，而是在于他们没有很好地规划自己的职业生涯，只有明确了目标，高校学生才有奋斗的方向,才会积极地创造条件实现目标;只有明确了目标,高校学生才能找到与自己最匹配的职业发展道路。

2.高校学生职业生涯规划的原则

原则是行动的基本规范,也是行动取得预期效果的行动指南。良好的职业生涯发展规划应既有利于个人职业生涯活动有出色的表现,又有利于个人的整体发展、家庭生活质量的提高和社会的和谐进步。因此,要做一份良好的职业生涯规划,就必须遵守下列基本原则:

（1）实用性原则

一份职业生涯发展规划不管表面多么诱人,都得经过实践的考验。因此,在进行职业生涯规划时必须讲求简便易行的实用性原则。在实用性原则里,应考虑目标是否符合自己的性格、兴趣和特长,能否在规定的时间内完成,实现目标的途径是否能在自己的特质、社会环境、组织环境等范围内执行,可行性有多大;在执行职业生涯发展规划的过程中,自己能否随时掌握执行的情况,能否进行有效的评估等。

（2）可行性原则

职业生涯发展规划涉及很多具体的任务和实施步骤,因而要求规划者不仅要具备规划的意识,更应在规划中体现操作的程序环节。一份好的职业生涯规划,其操作性最终会落实为时间、地点、资源、对象和程序等具体化内容,以此保证规划可以通过实施者的行为活动而得以完成。规划要依据个人的特点、社会的发展需要来制定,若是具体规划,还不可避免地要明确其中的人、事、物及相关资源的取得、调整和利用等操作手法。

（3）针对性原则

在现实生活中,每个人的成长方式和发展历程是不同的,每个人的生活习惯和性格爱好也是不同的,因此尽管很多人的专业和从事的职业工作相同,但他们并不能通用一份职业生涯规划。在通常情况下,对使用者来说,个别化了的职业生涯规划才是好的职业生涯规划。这是因为一份好的、充满个性和有针对性的职业生涯规划,其出发点是指向使用者本人的,是能够体现其个性、个人特质和其个别化的资源配置和利用的。因此,在制订职业生涯规划时,也一定要遵循针对性原则。

（4）独立性原则

独立性原则是指在进行职业生涯规划时要有自己的主见,根据自己的志向和判断独立做出职业选择，不能过分地依赖他人，更不能把自己的命运决定权给予他人。在学生择业时，其周围的人，如父母、亲戚、朋友和教师等，都会给出一些建议，提出他们的期望。这些建议与期望的出发点都是好的，但是他们的价值观和考虑问题的角度不可能与学生自己的想法完全一致，所以他们的建议未必会符合学生个人的发展实际。比如，有的学生家长可能一心期望自己的孩子能成为一名政府官员或是成为一名教师，于是劝自己的孩子进入机关或学校工作，但学生自己却觉得官场与学校的生活都不适合自己，而更愿意在技术领域做出一番成就，这个时候就需要学生自己进行人生的考虑，自己拿主意，把握命运，毕竟只有自己才最了解自己，才清楚自己的长处与短处在哪里。

（二）高校学生就业对策

1. 转变择业观

我们在针对毕业生的心态测试与咨询中发现，伴随着国家政治、经济形势的变化以及毕业生分配制度的改革，高校学生的择业手段、方向、内容、性质等多方面都在悄然变化。这些变化同自己的择业观混杂在一起，既有符合改革潮流与社会需要的良好趋势，又有同社会发展进步的方向不相一致之处。为引导学生树立正确的择业观，有必要对学生择业观转变的原因、方向及各种转变带来的喜与忧等方面进行客观的分析。

（1）择业观转变的原因

任何事物的发展变化都有其产生的根源，择业观当然不会例外。择业观是指高校学生在职业选择上的种种心态，是高校学生自我价值取向在择业选择领域内的表现形式。由于高校学生的价值取向必然要受到社会政治、经济、文化等多种因素的影响，因此高校学生的择业观不能不带有明显的时代特征。择业观的转变要归结到高校学生价值取向和择业领域的转变，而这种转变又来源于一定时期国家政治经济形势、科教改革等多方面的变化。

经济体制的改革应是择业观改变的一个最主要的原因，它着重影响着高校学生的价值取向。在经济领域，从统购、包销的计划管理到有计划的社会主义商品经济，直到今天的社会主义市场经济这一大幅度的跨步中，学生的思想意识与价值取向不会不受到冲击，高校学生择业方面考虑的因素,是综合的多侧面的,他们对地理位置、工作性质、发展前景、经济收入等因素加以综合比较,方会做出选择,尤其是市场经济条件下,金钱在人们心目中地位的提高,导致择业观向赚钱的方向倾斜。

导致高校学生择业观转变的另一个重要原因就是毕业分配制度的改变,供需见面、双向选择措施的出台,拓宽了毕业生的择业范围。在此之前,国家实行的是"统包统配"的分配制度,高校学生是"革命的螺丝钉",钉到哪处算哪处,职业选择上没有自主性,无"择"可谈,更无从谈及择业观的转变。学生树立自己的观点,必须建立在一定的选择范围前提下。双向选择分配制度的不断推进,使高校学生在校的专业倾向以及分配的职业选择有了较大的自主性,学生会依据自己的爱好特长以及社会需求而发展自己的个性,不必过分为自己的专业不好而忧伤。学生对"专业对口"的重视程度减弱,攻读第二学位的人数增加等种种迹象表明,择业环境的宽松、择业范围的扩大,致使学生的择业观悄然变化。

择业观转变的原因往往是复杂多样的,具体到某一个人又会有其特殊的情况,我们只能从总体上、大环境上的原因做简析,在解决实际问题的时候,应对症下药,根据实际情况,做出具体分析。

（2）择业观转变的方向

从近两年各类不同院校不同专业学生的就业情况看,目前学生择业观转变的方向是十分复杂的,从总体看有以下特点:

在择业取向上,呈现多极化倾向。长期以来,在我国高校学生择业倾向上一直存在着"天南海北"（即天津、南京、上海、北京）与"新西兰"（即新疆、西藏、兰州）两极分流的状况,造成我国人才分布上"一江春水向南流"的不合理布局。

在择业内容上,很多高校学生不再过分强调"专业对口"。诚然,"专业对口"对解决"所学非所用"的人才浪费是十分必要的,但从实际来看,学生这种择业观的转变也很有道理。

第一,从高校学生和用人单位的思想认识方面讲,高校学生在毕业之前认为自己在 ×× 系读了四五年,应该分配个专业对口的工作,这样一来势必缩小了择业范围,参加工作之后,过分强调"专业对口",则往往对自己所从事的工作不满意,甚至消极怠工。有的高校学生在任职的一两年内,很难独立进行课题研究工作,如果让他先搞些资料工作,他又觉得大材小用,怨天尤人,认为"专业不对口"。用人单位同样如此,过分强调"专业对口"直接影响接收优秀人才,因为所谓"人才",除专业知识之外,还要看素质。素质的内容很广,包括学习记忆能力,分析理解、综合判断能力,独立解决问题的能力等,此外还包括一些基本的品质,如实事求是、认真负责的精神、正义感、主动性等。

第二,从高校学生的实际状况讲,我国高校教育的内容与实际需要存在偏差,在"所教"与"所需"之间有着较大的结构差距,大学所设的课程基本上是基础课,多以理论教学为主,还没有深入某种专业中去,需要在实际工作中体验、探求、思考,灵活地运用所学的知识,才能逐渐做到理论与实际相结合。

第三,"专业对口"的作用也有一定的局限性,在实际工作中,一个人的自学能力、理解能力、知识迁移能力、接受新事物的能力与创新等能力,往往比一两门专业知识还重要,改革、开放以及科研技术革新等实际工作都很需要知识渊博、素质好的"通才",而不要过分强调专业对口的毕业生。

2. 搞好择业管理

第一,有助于高校学生职业的选择。择业是整个人生历程中一个至关重要的选择。对一名高校学生而言,当受到种种因素的限制(如父母的意愿、所学的专业、身体的条件等)而可供选择的机会不多时,面临的主要问题就是职业上的适应。当选择的余地很大时,则需考虑影响自己做出选择的众多因素,并充分利用科学所能提供的一切帮助来完成这个抉择。可能影响高校学生择业的常见因素如下:

兴趣。对多数高校学生来说,对某种职业是否感兴趣往往是择业的一个重要条件。一般来说,只有对自己从事的职业有浓厚的兴趣,才会迷恋其中,发挥自己在这方面的才能,才会具备克服困难的决心和毅力去努力做出成就,并从中获得满足。但是如果把兴趣作为择业的首要条件,也可能失之偏颇,因为在并不复杂的生活经历中做过的事情不会很多,而人对于自己没有做过的事并不能准确地判断自己是否对其感兴趣。只要你善于从你从事的工作中找到乐趣,那你就不难获得成功。

能力。包括智力和一些特殊的能力。一些学术性、技术性强的工作需要较高的智力;一些比较特殊的职业需要一些特殊的能力。例如,建筑师要有较强的空间认知能力,会计师要有较强的算术能力;指头灵敏度不强的人不宜做牙科医生,颜色辨别能力较差的人不宜做工艺美术、服装设计等工作。如果选择的职业与你的能力相匹配,你在日后的工作中就不会有太大的压力,也就比较容易出成绩;如果你所选择的职业与你的能力不相匹配,即使你再感兴趣也难取得突出的成就。人格特征有些职业对心理健康状况的要求比较高,如心理工作者、社会工作者、精神科医生等。有些职业需要特定的气质和性格方面的特征,如管理人员需要独立性、果断性、支配性较强;飞行员要灵活性大、耐受性强、勇敢、沉着等。一个人的心理状况与他的成长背景、人格背景有密切的关系,而气质、性格方面的特征又是相当稳定的,人不可能随心所欲地按照客观环境的需要去改变它们。因此,如果在择业的时候忽略了这方面的条件,所选的职业与你的人格特征不相匹配,就将给你的职业适应带来极大的困难。

价值观。每种职业都有其社会价值、经济价值和心理价值。职业的社会价值常随社会环境的改变而改变,职业的经济价值常用收入水平及一些潜在的经济利益来衡量,职业的心理价值则因人而异。职业的这几种价值在每个人心中的权重是不一样的。有人注重职业的社会价值,宁可放弃外资企业中的高薪职位而去做政府公务员;有人只注重职业的经济价值,只要高收入,其他都不重要;有人则更注重职业的心理价值,他选择医生这个职业可能仅仅只为了它是一个救死扶伤的崇高职业。在择业过程中,若希望这3种价值都让你满意,恐怕很困难,你必须有所取舍。

工作环境。包括工作场所的条件和有无升职的机会。工作场所的条件已逐渐成为都市人择业的一个重要因素。例如,大公司的办公室文员,工作内容单调、枯燥,收入水平一般,但工作场所清洁、舒适,因此被许多学文科的女学生看好;而如航海、地质等野外作业的职业则少有人问津。另外,不管是从事技术性工作,还是行政、管理性工作都希望有升职的机会,如获知升职的可能性不大,这个职业就对许多高校学生失去了吸引力。

所学专业。在我国过去的高校学生就业制度中,所学的专业与从事的职业有直接的关系。随着市场经济的发展,用人单位更加注重人的综合能力而不再仅仅是专业是否对口,跨专业、跨行业就业已不再是新鲜事。

职业信息。随着计算机技术应用的日益广泛,人们在传播和获取信息方面也越来越方便、快捷。在择业过程中充分了解就业市场供需情况的总体信息和具体职位的分布情况将为你做出合适的选择提供帮助。

职业的选择是每一个人自己的特权,不少高校学生在面临择业时感到茫然、混乱,还会有一种不安全感。如果他求助于他的师长、朋友,让他们来为他做出决定,也就是将解决问题的责任推给他人,那么他是不成熟的,这种解决方式称依赖安全感;如果他就择业问题请教了师长、朋友后做出了自己的选择,并担负起责任,他就表现了独立安全感,这是对人的成长最有帮助的方式。

第二,有助于高校学生职业的改变。有意义的工作对人的躯体和心理健康至关重要。常可看到一个人从毕生从事的职业中退休后很快就退化、消沉,甚至死亡。另外,也可看到对工作不满和感到压抑的人更容易患心脏疾病、消化道溃疡及其他疾病。

一旦一个人对他的工作失去乐趣,感到厌倦,这项工作对他就失去了意义,转而成为一种束缚、一种负担。长此以往,必然发生心理上的危机。此时,更换工作可能是一种最好的选择。心理学家认为,所选择的职业并不一定是毕生都要坚持的,只要变动是负责任的,就是有益的。

职业的改变是又一次职业的选择,第二次选择与第一次会有很大的不同,会遇到一些很难逾越的障碍。最常见的障碍是来自自身的惰性与畏惧和来自他人的期望。

惰性与畏惧。一个人尽管对自己的工作不满,他可能还是会继续干下去,因为他懒得变动、害怕变动。他习惯于、熟悉于目前这种环境。如果要重找职业,就将面临许多未知的挑战和困境,这使他感到畏惧。他还可能害怕更换了工作后情况不会比现在更好。

他人的期望。一个人常会因为家庭中其他成员的阻拦而放弃改变工作。未婚时是父母的阻拦,婚后则是配偶的阻拦最具约束力。他们会说:"放弃这份工作太傻了,有那么多人羡慕你";或是"你这份工作挣的钱不少,换个工作未必就称心"等。家人们的愿望是美好的,因为旁人常常期望一个人继续像过去他们所了解的那样,这种期望就常使一个人继续留在令他感到失望的工作中。

更换工作往往比第一次选择职业需要更多的勇气,因为他不仅要面对职业的选择,还要面对自身的畏惧和旁人的不满。

第五章　网络时代高校其他管理

网络时代背景下,高校教育管理应该融合"硬件"与"软件"两大层面,即除了上述管理外,还需要加强图书馆管理、文化建设管理、人力资源管理。当然,也需要将网络技术融入这些管理之中,构建数字图书馆、网络文化、数字化校园,并不断提升教师的信息素质。本章就对这些展开分析。

第一节　高校图书馆管理与数字图书馆建设

一、高校图书馆管理

(一)高校图书馆管理的特征

如何管理高校图书馆是组织管理过程的一种方式。系统化管理是现代高校图书馆管理的本质特征。

1.整体性

高校图书馆具有一定的整体性特征。高校图书馆应满足以下条件:

第一,需要现代化的管理理念。有效实施现代高校图书馆管理,不能满足于有限的管理经验。我们应该继续学习,勇于创新,为高校图书馆工作和高校图书馆新建设的可能性敞开大门。

第二,要有科学的方法。需要根据工作目标和工作关系的解决方案进行配额管理。配额管理的实施至关重要,对于高校图书馆工作人员来说,实施配额管理可以提高工作效率,高效完成工作。此外,还应辅以行政管理、经济管理等多种管理方式,推动高校图书馆管理持续发展。

第三,必须制定适用且严格的规则。

第四,要有统一的业务标准。

第五,要有合理的智力结构。高校图书馆管理员的学科结构应适当,不仅要有专业领域的人,也需要其他领域的人才。此外,人才需要在各个层面都要成正比。

以上五个方面构成了高校图书馆活动完整性的基础。在管理过程中要注意处理好整体与部分的关系。

2. 关联性

高校图书馆系统中的所有环节和层次都是相互联系和相互依存的。我们必须注意事物的因果关系。组织文件和目录以及借阅和临时工作需要综合分析各个工作组的具体情况。加强高校图书馆各部门业务管理任务之间的联系与配合,建立连带责任追究制度。

3. 均衡性

高校图书馆系统是一个移动系统,高校图书馆与其外部环境之间的平衡要求所有高校图书馆活动都具有均衡性。高校图书馆的发展已经适应了许多社会阶层的需要。高校图书馆内的平衡要求每个子系统的目标与高校图书馆系统的总体目标相匹配,以平衡高校图书馆和外部环境,如编目和文献收集系统平衡、组织体系之间的平衡、参考文件和流转文件之间的平衡、工程机械与日益复杂的文件类型之间的平衡、人员与各种业务任务需求之间的平衡。总而言之,我们必须努力实现所有互联互通、相互协调、协调平衡的发展。

总之,完整性、相关性和综合平衡是现代高校图书馆管理的特点。高校图书馆管理应该从大局入手,从发展变化的角度分析管理过程中的问题,而不是用孤立静止的观点。为了解决管理过程中的问题,必须考虑各个环节。在高校图书馆系统内部、各级之间要相互沟通,不能打破相关联的环节来解决管理问题。

（二）高校图书馆管理的原则

1. 系统原则

高校图书馆都是一个由多个子系统组成的元系统，同时处于更大的高校图书馆运营系统中。高校图书馆运营子系统和信息交换系统有系统功能与外界交换材料、能量和信息的层次结构、完整性和一般属性。

（1）目的性

一个系统的存在具有一定的功能和目的。作为机构或社会服务，高校图书馆收集、编辑、维护和传输文件，组织和系统地交换文件中的知识或信息，让用户从文档、书目、知识三个层次上获取资源。它的基本功能是收集、组织和部署应用程序，目的是满足读者的知识和信息需求。尽管不同类型的高校图书馆有特定的目标，这些目标因策略、任务和用户目标而异。

（2）整体性

高校图书馆的系统原则的整体性体现在两个方面：一是管理本身需要站在整体的视角来统筹全局，要有整体与长远的规划；二是把管理对象的各种因素作为一个整体来看，对各个因素的管理需要符合整体性的发展。

（3）层次性

高校图书馆管理系统是一个层次分明的整体，有领导层、执行层、监督层等，各层应该明确各自有相对应的权利与职责，每个人各尽其责、各行其是，才能达到有效的管理。

（4）联系性

高校图书馆由于分工不同而形成了不同的工作部门，但是每个部门并不是绝对独立的，而是存在着重合与交叉，只有处理好各部门的关系，才能形成合力，共同发展。

（5）均衡性

作为一个有机的整体，高校图书馆各个系统之间关系密切，相互制约、相互促进，只有不偏不倚，保持平衡，才能使高校图书馆系统均衡发展，实现目标。

2.民主管理

高校图书馆管理工作的民主性体现在：并不是只有高校图书馆领导和馆员才能进行管理,用户的需要也应该被满足,用户代表也可以参与高校图书馆的管理工作。

在高校图书馆民主管理中有四项任务:(1)提出适当的意见和建议,以改进高校图书馆工作。(2)监督和推动高校图书馆计划的实施。(3)对专家管理和部署提出建议。(4)监督从业者的工作。

3.动力原则

高校图书馆每一个活动、每一次发展都必须有宣传的动机。高校图书馆发展的动力来自用户服务需求和内部员工的活力。

现代高校图书馆管理的根本动力是:(1)物质能源,这是满足高校图书馆员生理需求的最根本动力,包括工资水平、奖金、福利、生活条件等;(2)精神动力,包括职业意识形态、精神鼓励、发展机遇等;(3)信息的力量,信息并不是管理者决策的唯一依据,但这也是事物发展的驱动力。

二、数字图书馆建设

(一)数字图书馆的概念

数字图书馆是随着计算机网络技术的发展而产生的一种信息图书馆、数据库技术和多媒体技术。用通俗的话来讲,数字图书馆其实就是一种现代信息系统,相比传统信息系统,区别在于数字图书馆用来收集、存储、检索信息的是先进的数字技术和计算机网络技术。

这不是图书馆的数字概念或功能,也不是用于数字化的自动化工具和基于印刷服务提供商文档开发文档的简单网络。图书馆资源的自动化、网络化和数字化是从现代图书馆向数字图书馆过渡的必要步骤。数字图书馆是利用现代计算机技术建立的超大数据服务系统、网络技术和多媒体技术。基于大型分布式数字资源库,以最大化用户的个人需求为目标。在高速发展的信息时代,数字图书馆的出现能极大地满足人们精神文化方面的需求。

数字图书馆是科学技术迅猛发展的产物之一。简而言之,数字图书馆与任何新的社交活动一样,是具有广泛媒体内容的数字资源,能最大化精简、优化用户搜索流程,为用户提供优质服务。数字图书馆使用图书馆资源分配模型,使用计算机网络和其他高科技技术去组建一张能覆盖全球的知识网络,而其利用先进的数据提取技术又能帮助用户及时捕捉到自己需要的信息。

(二)高校数字图书馆的基本特征

1. 信息资源数字化

在信息技术高速发展和网络通信技术无比发达的现代社会,通过高校数字图书馆,便能将传统纸质档案资料压缩处理,以数字信息的方式存储,以供人们浏览、翻阅、利用。

2. 信息传输网络化

高校数字图书馆使用互联网。它建立在具有高速计算能力的宽带网络上,具备高效率和高精度,这将把来自世界各地的图书馆与无数计算机结合起来,使数据服务和使用更加开放与标准。

3. 共享与共建

高校数字图书馆可以借助四通八达的网络来互相传递与分享宝贵的数字馆藏和电子出版物,哪怕用户分散在天南地北,也能及时沟通,顺畅交流。高校数字图书馆的用户还能第一时间调动、使用分散在不同存储单元的数据资源,这些资源不仅体现了无限的跨区域、跨行业资源的性质,也体现了跨区域、跨界资源共建的合作。

4. 基于知识的提供

高校数字图书馆不仅提供手稿,还能通过分析和重组数据提供洞察力,创建满足用户需求的知识,帮助用户找到解决方案并提供知识产品的质量评估。

5. 数据实体的虚拟化

作为知识提供者,任何类型的文档都可以轻松数字化并在全球范围内发送。任何拥有电脑的人都可以在高校数字图书馆庞大的资源系统中享受分布在全球各个图书馆的论文资源。

6. 信息资源管理自动化

与传统图书馆相比。高校数字图书馆与传统图书馆最根本的区别在于高校数字图书馆可以从传统的手动或半自动操作到全自动操作。

(三)高校数字图书馆信息资源管理

1. 建立、健全协调机制

图书馆应建立全国统一的协调机构,动员社会各界力量,在政策调控和宏观调控方面得到政府部门的支持。借助信息产业和科研院所的建议,与软件厂商和供应商充分合作,开发高校数字图书馆资源,以达到预期的效果。使用协作策略可以避免浪费资源和创建重复项,同时避免因规范和标准不一致而造成混淆。

2. 加强人才的培养与引进

高校数字图书馆的发展依赖于人才,对于人才的选拔、培养与引进应成为日常工作的重点之一。高校数字图书馆要保证其人力资源是丰富的、多层次的,并制订科学合理、契合实际的人才培养计划,帮助形成一批拥有专业素质和人文素养的信息资源管理专家。除了必要的计算机学习和外语技能,还要掌握本学科的最新信息,使图书馆工作人员成为信息向导。

3. 加强数据库建设

建立数据库是高校数字图书馆的核心部分。高校数字图书馆决策者应谨慎购买资源,并以积极的心态构建自己的数据库、构建数据库。应有综合规划部门,统筹协调数据库结构的发展,如建立数据库指挥中心、图书馆、大型网络平台等,并且可以通过网络平台联系图书馆,为数字资源提供存储和访问接口。以大、中、小型图书馆为重点建设工作,按计划开发自己的特色数据库,最终实现跨学科、多功能数据库的通用化,创建一个非常大的数字信息资源库,价格低廉。高效分配资源,提高图书馆数据库和数据检索的效率。

4. 确保数字资源的安全

如何提高高校数字图书馆信息化资源的安全性是一个值得关注的问题,尤其是在数字文档存储管理的过程中,由于各种原因,很容易造成数字资源的外泄。首先,需要将注意力集中于系统的加密等问题上,如安装防火墙。其次,可以运行诊断程序去检测系统是否存在危险因素。另外,为了防止当前系统突然出现问题导致之前的存储毁于一旦,可以采取备份系统等应急措施,这样便能保证数字资产可以长期安全存储。

5. 做好设施服务建设

一要建立四通八达的网络通道去连接各个高校数字图书馆。这一过程中最关键的问题在于如何保证数据、信息的稳定传输,毕竟每时每刻,这一网络通道上都会聚集数量庞大的多媒体数据,如果不够稳定,就无法保障这些数据能以最快的速度去进行交换和传输。因此,应该考虑更换服务器,选择快速高效的设备,通过专注于设备模块来促进扩展。

二是操作系统必须选择功能齐全的产品去满足不断增长的存储和带宽需求,毕竟我们身边的信息每天都在爆炸式递增,如果信息存储的空间不够,或无法达到理想中的传播速度,就会极大地削弱高校数字图书馆的价值。另外,还要注意图书馆电子阅览室的环境建设,改善硬件措施,调节室内温度,为阅览者提供舒畅随意、轻松自然的氛围。

6. 加强高校数字图书馆知识产权保护

目前,我国在文字、文献版权方面的相关法律法规还不完善,图书馆作为人类社会发展的"智慧库",应该参与到修改、完善版权法的过程中去,并发挥积极的作用。通过参与我国著作权法的修改等活动,我们应该寻找有助于创建高校数字图书馆资源的法律条款。在公益服务方面,主张扩大合理使用的范围,使版权可以在新的数字和网络环境中为公众服务。

网络环境中的数字数据可以快速、轻松地复制,这导致了版权保护的一些问题,因此对此类信息的技术保护必不可少。当今最常见的技术措施是访问控制技术、数据加密技术、数字水印技术、信息验证技术等。

这些技术无疑为人们创造出了一道安全屏障,要知道网络环境是很复杂的,可能存在各种各样的危险因素,而利用这些技术,却能有效过滤、阻隔这些危险因素,使得档案利用者能更安全地浏览数字信息及文档;有些珍贵的数字信息及文档在这些技术的保护下也很难被私自盗用、窃取。除了技术方法,相关法律法规还有待完善。相关人员要加强图书馆之间的联系,增进其相互间的合作,加强高校数字图书馆资源创建中的知识产权保护。

7.建立统一的分类、索引及检索标准

分类和索引是数据提取的基础,以实现对后期发展的可扩展性和快速识别。因此,必须建立相同的分类标准。不同类型的数据,如文本数据、图像数据、视频数据和音频,需要在各种高级检索技术中进行不同的定义,包括中文数据提取、图像提取、音频提取和智能提取,提高以数字格式检索信息的准确性和便利性。

第二节　高校文化管理与网络文化建设

一、高校文化管理

（一）文化

1.国外学者关于"文化"的代表性定义

从英文拼写来看,文化的英文是 culture,源于拉丁文 cultur,意译为耕作。国外学者根据文化的语源和发展提出了许多不同的文化的概念。英国著名人类学家泰勒是现代第一个界定文化的学者,他的定义也最具有权威性和代表性。他认为:文化是一个复合整体,包括人类社会中的一切知识、信仰、艺术、道德、法律、风俗以及其他作为社会一分子所习得的任何才能与习惯,是人类为使自己适应环境和改善生活方式而努力的总成绩。

管理学家艾德·斯凯恩把文化定义为:一套基本的假设,解决外在

适应力(如何生存)和内部集成(如何共同生活)的普遍问题的共同方法，它存在于各个时期，并从一代传到下一代。斯凯恩的文化概念包括三个层次，这三个层次分别如下：

（1）表象和行为。表象和行为是文化的最表层，指我们初次进入一个新群体，面对一个不熟悉的文化时，所看到、听到和感受到的一切表面现象，是可以观察到的组织结构和组织过程。例如，建筑物和内部设计、欢迎仪式、服装、语言、谈吐、情绪以及表明组织价值观的标语、显示文化底蕴的仪式和典礼、彰显组织制度的书面和口头的规定等。这个层次包括了一个群体可见的行为，以及该行为成为习惯性动作的过程。

（2）信仰和价值观。信仰是对未来人权的全球意识，道德是信仰控制下的正确行为，价值观是社会成员评价行为和事物的标准，并从许多可能的目标中选择所需的目标。价值观体现在人们的行为和态度上，是世界观的核心，是驱动人们行为的内在驱动力。价值观可以控制所有社会行为，包括社会生活的方方面面。

（3）基本假设。基本假设是指人们在长期的工作和生活中自然形成的潜意识地解决问题的方法，如潜意识的一些信仰、知觉、思想、感觉等。它的形成是当某种解决问题的方式可以持续有效地解决问题时，则该方式就被视为理所当然，有可能形成固定的表象和行为。

2. 国内学者关于"文化"的代表性定义

文化是自古以来就存在于中国系统中的一个术语。文化代表了某种程度的关系，是反映一个人的个性和环境的定义，为社会中人类观念的研究提供充分的理论和精神支持。

文化代表了一个人的最高价值。这是对人格的最高定义，也是最高的文化表现——通过真、知、善、仁、美的信仰认识人格。文化也是人文学科的社会表征。人类的真理只能是源自人本身。而所有的物质，除了人以外，都反映在一个人的生活中。人类的文化秘密被保存在大自然中，文化是人类幸福的工具。通过在创造生活条件的社会实践中的交流和文化包容，人们感受和理解个人、群体乃至人类目标、理想和正义的实现以及共同利益的实现。文化是文明的载体。人类个性和生态的成长直接导致文明，文明是血缘、种族与信仰探索的发展结果。要创造更高层次的人类文明，应建设更先进的文化。

文化的存在取决于人类创造和使用符号的能力。符号是文化的最外层。价值观是文化的核心构成,价值观指人们评判日常生活中的事物与行为的标准,它是人们喜欢某种事态而不喜欢其他事态的一种普遍倾向性,如辨别善恶、美丑等,决定着社会中人们共有的区分是非的判断力。社会规范是特定环境下的行动指南,它影响着人们的心理、思维方式、价值取向和行动等。

文化来自人类与自然和社会的互动,结合了思考、行动和创造性活动。它是一个有很多内涵的概念。个人层面是本体在社会生活中所得到的全部经验。社会层面是社会成分相互学习和交流的集体经验。自然层面是经由人的努力而被增加和被创造的部分。个人知识层面是一个行为指标,是评估经验活动的基础。文化,从本质上说是人性质的内化和外化。

(二)校园文化

国内的学校文化研究起源于"校园文化"的提出。20世纪80年代初以来,随着文化热的兴起,校园文化越来越受到人们的关注,校园文化逐渐成为一个研究的热点。

随着我国高校教育的发展,近几年有关高校文化研究主要有以下三方面的成果:

(1)继续沿用"校园文化"的概念,对高校校园文化的基本问题展开广泛的探讨和研究,包括高校校园文化的概念、现状、结构、内容。其中也包括两个层次:一是将校园文化界定在第二课堂学生各种文化活动和选修课上;二是虽然沿用"校园文化"的概念,但在具体的论述中,实质上已经转变到学校文化的内涵上来。

(2)明确以组织文化的视角,展开对高校文化特点的研究,如邓彩耀从高校组织文化、教学文化、知识路径探讨高校的文化定位;余祖光、李术蕊从"贴近市场,以就业为导向的趋势""贴近岗位,凸显实践性和职业性趋势""贴近企业,产教结合的趋势""贴近百姓,以人为本的平民化趋势"四个方面,揭示了高校文化的某些特征。

(3)企业文化和高校校园文化的对比研究,如丁钢认为企业文化和高校文化的交融是校企合作的更高境界,企业文化对学校文化的影响主要表现在两个方面:企业文化对学校管理的影响、企业文化对学生成长的影响。对学生的影响具体表现为活动的规范、团队的训练、吃苦耐劳的体验、纪律的养成教育。

根据以上分析,高校文化研究具有以下特点:

一是高校文化的研究仍然处于以校园文化的视角对一些基本概念和理论作论述的初级阶段上。

二是对高校文化的特色研究已经展开,尤其是根据高校文化的特点,逐渐认识到企业文化和高校文化之间的某种必然联系,并对利用企业文化来构建有高校特色的校园文化展开初步的研究。但从研究的成果而言,仍然处于初级阶段,缺乏系统和深入的研究。

（三）高校校园文化管理

高校校园文化独有的特征与功能决定了其重要而不可替代的战略地位。我们将校园文化建设在高校学院发展中的战略定位确定为:校园文化建设以其对独特职业理念和学校精神的塑造、对学校师生行为的日益整合,在高校学院各项建设中处于先导性战略地位,并通过校园环境景观设计、管理制度落实、职业氛围熏陶等育人载体,保证了高校人才培养目标的最终实现,并为学生的终身教育和可持续发展提供了人生成长的精神动力。

一般而言,对学校文化的分层,被大家普遍接受的是"同心圆"说,即大致按照由浅入深分为三个层次:物质层、制度层和精神层。

1. 校园物质文化

这是浅层面的校园文化,它是指人们所创造的、能体现出创造者自身的某种价值或信仰、为人们感官所直接触及的客观存在物。它既是校园文化的物质性载体,也是构建校园文化的物质基础,主要包括学校内的各种建筑物、教学实训设备、图书信息资料、校园景观道路、花草树木、雕塑壁画等。

2. 校园制度文化

这是中间层面的校园文化。一所学校如果仅有优越的环境,没有严格的规章制度来约束和规范师生员工的行为,学校就可能会纪律涣散、秩序混乱,就可能使学生滋长无政府主义、享乐主义与自由主义的错误思想。这便要求我们"软""硬"兼施,在抓好物质文化的同时,加强制度文化建设。

3.校园精神文化

这是深层面的校园文化。它是校园文化的核心内容,主要包括学院精神、办学理念、文化氛围等内容。校园精神文化既是校园文化建设所要营造的最高目标,也是建设校园文化所必须的根本基础。学校师生员工精神文化丰富健康,思想积极向上,精神风貌良好,就能形成一个影响全体师生员工的优良环境。这种深层次的文化会使师生员工很明显地感受到正确、健康向上、积极的精神文化的熏陶、影响和教育。一种和谐、宽松的文化精神环境可以潜移默化地把外在的要求内化为校园文化主体内容和自我要求,激发学生的求知欲望,使其逐步建立起正确的人生观世界观,塑造优良的个性品格。

二、高校网络文化建设

(一)高校网络文化建设的基础

文化的基本功能是育人。校园文化建设必须围绕"培养什么样的人""如何培养人"两个中心,[①]传统条件下的校园文化建设与网络环境下的校园文化建设具有同质性的目标要求和共性,深入研究校园文化的思想道德基础,是进一步探索校园文化如何发挥其育人功能的前提。

1.以公民道德教育为基础

大学生对新技术、新知识的渴望往往使他们忽视一些基本的思想道德原则,导致网上道德缺失,甚至网上犯罪现象频繁发生。社会主义道德是无产阶级道德与中华民族优良传统道德有机结合的产物,植根于中华民族五千多年的优秀道德传统的土壤上,又体现出时代特征,是融传统美德与现代美德为一体的现代道德,是充分体现了时代性与历史继承性相统一的新道德。

2.以爱国主义教育为重点

网络使大学生充分接受各种文化的熏陶。中华民族在创造文明中

---

① 高彩霞.高校院校文化素质教育体系研究[M].北京:中国环境科学出版社,2006:13-19.

形成了博大精深、极具生命力的传统文化,其中蕴含着崇高的民族精神、民族气节。尤其是爱国主义,它是在长期历史发展过程中形成的热爱祖国、忠于祖国的思想行为和情感,表现为对自己祖国和人民的深情和眷恋,为国家的利益贡献力量的责任感和为民族命运不惜牺牲一切的献身精神。校园网络文化要充分利用民族的节日、纪念日开展声势浩大的互动的纪念活动,激发大学生网民的爱国热情与激情,使学生分清是非,并唤起大学生的爱国意识,引导他们把爱国之情化为报国之志。

3. 以理想信念教育为核心

高校是培养人才的重要基地,必须把培养中国特色社会主义事业的建设者和接班人作为根本任务。对在校大学生来说,要实现崇高理想,关键是在思想观念上对理想追求坚信不疑,即坚定对马克思主义的信仰,坚定对社会主义的信念,坚定对改革开放和共同理想的信心,坚定对党和政府的信任。大学生应转变以往的追求目标,不仅要完成对知识的学习和探究,更应该让自己做一个完全的人、健康的人、具有自我发展能力的人。要以加强社会主义道德建设为契机,加强大学生道德建设,培养大学生的社会主义道德观念和意识,建立与社会主义市场经济相适应的思想道德体系。

4. 以学生全面发展为目标

大学教育的根本目的是向国家和社会培养、输送中国特色社会主义事业的合格建设者和可靠接班人。向大学生传授知识十分重要,但我们应当防止和克服“填鸭式”灌输知识的做法。大学学习期间时间有限,知识更新快,或许大学没有毕业的时候,过去所学的知识就已经落后了。所以,大学教育更应注重培养学生的思想政治素质、人文素质和科学精神以及掌握知识、分析问题的方式方法。显而易见,丰富多彩、健康的校园文化将使广大学生受到潜移默化的影响和熏陶,使他们的人格气质、品德修养等内在品质得到逐步提升,崇尚理性和科学的精神得到不断升华。

(二)高校网络文化建设的要求

和谐的校园网络文化环境,不仅可以使大学生获得新知识,树立新观念,接受新思想,培养新才能,而且能使学生个性发展与社会相协调,更好地发挥个人的特长和兴趣,促进学生全面发展,培养适应社会经济发展所必需的优良素质。要构建和谐的网络环境,要做到以下两个方面:

1.创建网络环境下校园文化新体系

文化是人类行为的主要决定因素之一,起着一种造就人和营造情境的重要作用。在未来的信息化校园中,网络文化的影响力将会大大提高,校园传统文化将会在与网络文化的冲突、对抗中,根据自身的需要吸收、融合网络文化的优秀成分,从而形成网络环境下新的校园文化格局,网络文化的特殊价值将会吸收校园文化的普遍价值并得到广大师生的认同,即汇入校园的主流文化中。要使网络文化真正成为校园主流文化的重要组成部分,重要的是根据网络自身的特点给其明确定位,以便在信息化校园建设中,使网络文化一开始便步入健康、文明的发展轨道,成为传播先进文化、主流文化的阵地。其根本的措施就是要建立"红色网站",占领思想政治教育的新阵地,营造积极的网络舆论环境,增强思想政治工作的主动性与能动性,唱响主旋律,打好主动仗,坚持正确的舆论导向,以正确的舆论引导人。

2.培植多元价值观的校园文化环境

互联网催生了新的社会文化形态。在以网络为基础的信息社会里,人们的行为方式、思想方式甚至社会形态都发生了显著的变化。从行为方式上说,网络环境的时间和空间有无限的扩充性和多样性;从思想方式上说,网络环境中的网民处在一种自由、平等和直接的交流之中;从社会形态上说,网络基本上属于虚拟社会。网络扩大了人类实践活动的范围,促进了人的思维方式的变革。网络的出现为信息共享提供了以前难以想象的可能性,为人的自由全面发展提供了极其重要的条件。网络社会为每个人的全面发展提供了全方位的信息环境,使得每个主体在信息获取、信息创造特别是结果发布等思想言论自由方面的权利得到了真正的落实。互联网本身就是一个多元的文化空间,网络跨时空的文化传播,必然导致民族文化与外来文化的摩擦和冲突,并进而导致多元价值观的出现。思想政治工作应主动介入网络,坚持社会主义核心价值体系,积极引导学生正确处理自我价值和社会价值、外在价值和内在价值、生命价值和劳动价值,作为社会主义事业的建设者和接班人,如何坚持社会本位的人生价值观。

第三节　高校信息化资源共建共享与数字化校园建设

一、高校信息化资源共建共享

（一）高校信息化的内容

对高校信息化的理解可以用图 5-1 来表示。

如图 5-1 所示,高校信息化的内容可以从纵向和横向两个维度进行描述,其中环境的网络化、资源的数字化、应用的智能化、表现的多媒体化是高校信息化的基石,教学信息化、科研信息化、管理信息化、校园生活信息化是高校信息化的主要任务,全面提高办学质量和效率,实现教育现代化是高校信息化的总目标。没有高校信息化基石的支撑,其他各个主要任务无法得以实现,从而总体目标也将无从谈起。

（二）高校信息化的实施框架

高校信息化的实施是一个漫长的过程,在这个过程中,需要有一个完善的体系进行保障,要从组织上、制度上、人员技能培训上、资金上及信息化标准和管理规范的制定上,来保证信息化工作的顺利开展。[1] 在高校信息化建设的整个过程中,信息化保障体系、信息化标准和管理规范的建立起到了贯穿始终的作用,没有健全的保障体系和完备的信息化标准、管理规范做后盾,高校信息化建设将很难顺利地推进,从而很难健康地、可持续地发展。我国高校信息化工作只有 10 多年的历史,高校信息化建设还远没有达到成熟的阶段,还有很长的路要走。如何保证在以后的建设中更加高效、避免低水平重复,从学校战略上、组织上、信息化标准和管理规范上加以保证尤其重要。保障体系、信息化标准和管理规范是高校在实施信息化的过程中所必不可少的内容,因此高校信息化的实施框架可以用图 5-2 来表示。

---

① 王继新.信息化教育概论 [M].武汉:华中师范大学出版社,2006:9-12.

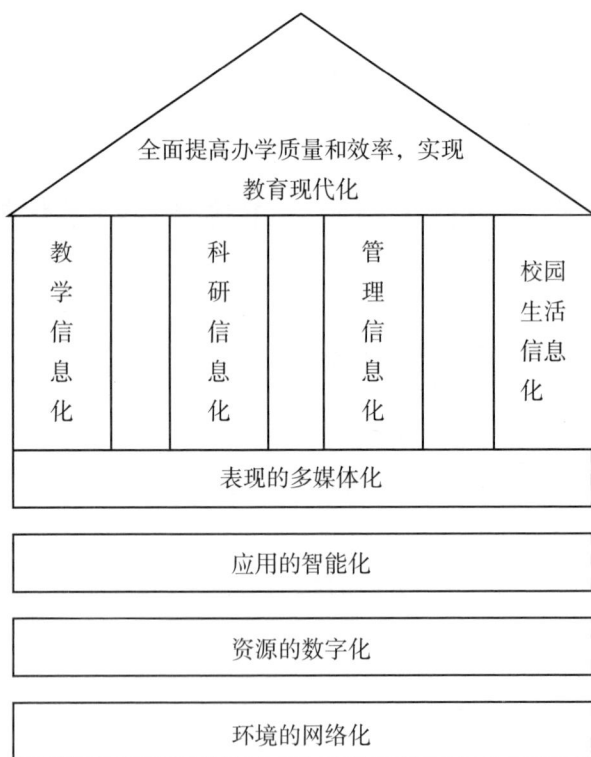

图 5-1　高校信息化定义

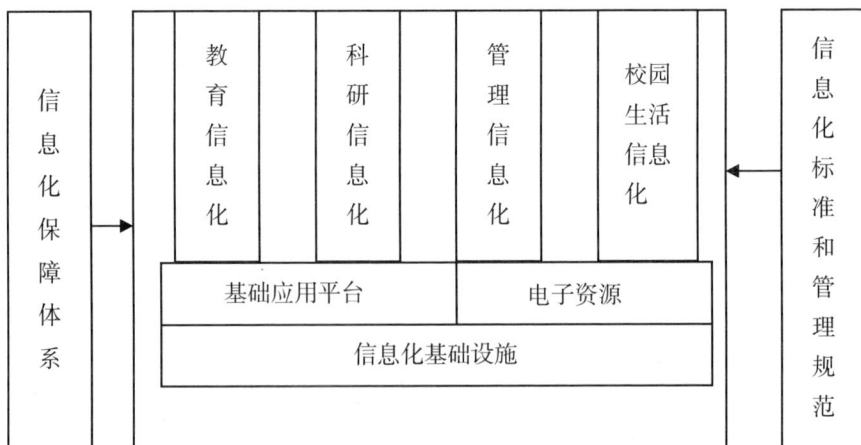

图 5-2　高校信息化的实施框架

信息化基础设施的建设、基础应用平台的搭建和电子资源的建设为高校的教学、科研、管理、校园社区服务等提供一个良好的信息化环境。在此环境下,高校通过教学资源的建设、教学过程的信息化支持环境的建设开展教学信息化工作;通过科研协作交流平台等的建设开展科研信息化工作;通过各种管理系统的建设,实现管理信息化;通过信息化环境,为全校师生提供全面、便捷、高效的社区服务,实现社区服务信息化。

(三)高校信息资源建设的基本任务

现代信息资源建设可分为宏观和微观两个不同层次,下面分别进行讨论。

1.宏观层次的信息资源建设

宏观层面的信息资源创造是一项战略性建设。通常,相关政府部门会使用必要的经济、法律和行政手段,并在宏观层面应用国家相关的指导方针、规则和法规来组织和协调信息的生产、开发和使用,确保信息在符合宏观管理目标、不损害国家信息主权和指导方针的前提下得到最有意义和最高效的开发。因此,数据安全是宏观层面的主要任务。

(1)研究和开发用于创建高校信息源的指南、手册、工作计划和策略,以便可以按照国家的单一方法组织现代信息资源的创建。信息资源可以与社会发展同步开发和利用,以满足人们经济社会发展的普遍需要。

(2)研究制定法律、法规、规章,创建现代信息资源,建立管理体系,保障高校信息资源建设。依法依规设计高校信息资源建设,使信息的生产和发展得到最充分、快速、高效的利用。

(3)在领域、层次和制度上广泛运用经济、法律和行政手段,明确自己的责任、权益;在平等互利的基础上开发和利用高校信息资源,共同创造和共享资源。

(4)建设国家信息网络基础设施,为高校信息资源的创建提供特殊的硬件环境。

2.微观层次的信息资源建设

微观层次的高校信息建设一般指的是信息机构、高校、政府各部门等基层具体组织负责实施的单位。其主要任务是根据所面向对象的各

类人员对信息的需求,合理组织和开发利用现代信息资源,提供有价值的高校信息资源。因此,微观层次的基本任务如下:

(1)调查了解所面向对象人员对信息需求的情况,研究制订现代信息资源建设方案,以最大限度地满足不同人员的信息需求。

(2)选择适用信息技术,建设内部信息系统和网络,确定信息加工处理、存贮、检索,使得内部信息得到支撑与保障。

(3)对高校信息资源建设的成效进行评价,为改善高校信息资源的建设和开发利用提供依据。

二、数字化校园建设

(一)数字化校园的基本概念

1.空间与维度的扩展

对比传统意义上的校园建设,数字化校园的建设对传统校园在空间维度以及时间维度上都进行了一定的扩展。数字化校园建设能够提升校内时间的利用率,对于校内时间的安排更加科学化以及人性化。在数字化校园内,学生可以根据自身的学习特点以及实际需求,对校内时间进行合理的安排,这样就实现了时间维度上的扩展。与此同时,数字化校园建设能够支持网上学习,这打破了传统教学过程中空间环境的限制,突破了教室对学生起到的局限作用,将教育教学工作变得无惧空间约束,只需要借助网络设备,便可以在网络空间环境内展开学习,有效地提升了校园教育的整体效率。[①]

2.教学与生活的扩展

除此之外,数字化校园的建设还实现了教育教学与校内人员生活方面的扩展。通过数字化校园总站平台的管控,教学的方式发生了巨大的变化。传统的教学模式主要是以教师的课堂授课为主。而数字化校园则是借助互联网,实现教师与学生的网上沟通交流,一改传统呆板的教学方式。此过程能够充分地突出网络信息化的特征,也使得教育教学变

---

① 张晓.教育信息化2.0与数字校园建设的融合支点和推进杠杆[J].教育与装备研究,2018(11):3-5.

得简单化、生动化,教学的内容更加多样化,符合新时期教育教学的具体要求。

3.教育理念的变化和管理体制的提高

众所周知,数字化校园建设,能够有效促进教育理念的变化、管理体制的提高。这是由于传统的教育教学模式被正式打破,教育理念的更新为教育教学注入了新的能量与活力。现代化的数字化校园建设,更加突出信息化教育理念。在实际教学过程中,积极引入更为现代化的教育方式以及评估方式,促进了教育教学的创新和改革。总而言之,数字化校园系统的应用和推广,对于校园管理以及教育教学都起到促进作用,并且能够有效提升办校的整体质量与水平。

（二）数字化校园的建设现状

针对高校数字化校园的建设现状,主要可以分为几个阶段:

首先,针对校园局域网的建设,需要在校园内部构建一个良好的校内网络环境。此过程主要借助路由器、交换机、服务器等网络设备,这些硬件设施能够为日常的校内教学、办公提供便利的条件。

其次,针对下一阶段的数字化校园建设,主要是基于校园内部网络硬件设施的基础上,对校园系统软件进行建设。一方面,需要建设覆盖整个校园的管理信息系统,对校内的各个部门进行管控,如包括校内人力信息管理系统、教务信息管理系统等。此阶段软件的应用与推广是其中的主要工作。

最后,进入到下一阶段的数字化校园建设。在完成了校内管理信息系统的建设后,还应该进一步细化校园应用软件,从而满足全部的教育信息化的需求,真正地实现数字化校园建设,更好地对这些数据信息进行管理和应用。最后,还需要确保数字化校园网络环境的安全,保证校内信息的安全以及环境安全,提升管理水平,提高管理效率。

（三）数字化校园的建设原则

针对高校数字化校园的建设,必须遵从相应的原则,才能够确保数字化校园建设更加科学、合理,在后续的应用中能够发挥出实际的价值以及作用。具体来说,首先必须保证数字化校园建设的安全性原则,只有确保数字化校园系统安全,具有保障,才能够避免校内的数据信息流失或者受到损害,这样既影响学校的利益,也威胁到校内人员的信息安全。其次,还应遵循系统的实用性原则。在建设过程中,必须实现校园用户页面的统一管控,在登录过程中,统一采用身份验证,确保其安全性以及实用性。再次,数字化校园建设并不是一蹴而就的,为了更好地适应后续的校园管理,还需对软件进行升级。因此,必须遵循技术的先进性原则,并且保证具有一定的可靠性,在后续的使用过程中,可以根据实际需求对其进行软件升级。在实施过程中,还应重视数字化校园的业务板块,通过不断优化系统的性能与配置,提升数字化校园建设的整体质量。最后,还应遵循建设过程中的开放性与扩展性并存这一原则。数字化校园建设内部的模板应能够独立存在,也可以相互联系运行,在使用过程中,可以对任意模块进行更新或者继续开发,为数字化校园建设提供更有力的支持,为后续校园管理提供良好的助益。

(四)数字化校园的建设策略

1.校园数据规范建设

针对高校数字化校园建设规划,首先必须建设规范化的校园数据。众所周知,数字化校园建设过程中,数据信息的规范化是不可缺少的,也是最为主要的,更是数字化校园建设的基础。只有确保数据规范,才能够保证数字化校园系统的建设顺利。针对数字化校园社交,应按照最新的数据标准,对其进行搜集以及管理。针对高校阶段的教育教学专业进行分门别类,从而更好地完成数据整理工作,确保系统内数据信息的交互良好,避免形成信息孤岛。其次,通过进行规范设计,达到数据的统一标识,便于建立更加完善的校内教育标准数据库。

2.资源库的共享建设

完成校内资源库的共享建设。众所周知,校园内部共享资源库担负着各个独立的模块系统数据共享,更是整个数字化校园建设的中心枢纽。只有确保信息同步,才能够保证数字化校园建设的高质量,确保数字化校园建设真正发挥出价值。在此过程中,通过将校园内部的基础数据进行整理和搜集,从而组建公共数据库。通过收录校内教职工及本校应届和往届的学生的基本信息,并建立师生信息库。同时,对教师的授课计划、考勤等信息进行录入,建立教学模块。此外,通过对校内的设备、资产、财务金融等信息进行收录,建立校内物资盘点模块。这些模块信息都能够为数字化校园建设提供有效的数据支持。在建设过程中,逐步地确保各个模块之间形成接口,尽可能地运用统一软件开发商,提升不同软件的兼容效果,便于集中管理。

3. 身份认证体系建设

由于大学生都已经成人,可以采用统一身份信息录入的方式,建设健全的校内身份认证体系。根据校内门户网站使用者的身份、部门、职务范围,将其划分成不同角色,并划分其所属的权力权限,这样更简化了管理,提升了数字化校园建设的整体质量以及效率。通常来说,针对高校数字化校园建设,常见角色包括学生、各科教师、班主任等。在用户使用身份信息登录后,可以按照自身权限,完成相应的操作以及数据查询。

4. 校园门户平台建设

针对高校门户平台的建设,主要基于校内应用系统的基础上,对其服务窗口进行展示。校园门户平台可以提供各类系统的接入,支持用户的自定义功能,突出用户的个人喜好,设置不同的主题以及信息内容检索。校园门户平台的建设是数字化校园的门面以及展示,也是当代数字化校园的综合表现,可以支持多重方式登录,而无需第三方软件的介入,就能够完成操作,从而更好地满足用户的实际需求。

第四节　高校人力资源管理与教师信息素质培养

一、高校人力资源管理

(一)高校人力资源管理的概念

人力的最基本方面,包括体力和智力。如果从现实的应用形态来看,则包括体质、智力、知识和技能四方面。人力资源是指能够推动整个经济和社会发展的劳动者的能力,即处在劳动年龄的已直接投入建设和尚未投入建设的人口的能力。人力资源在宏观意义上的概念是以国家或地区为单位进行划分和计量的;在微观意义上的概念则是以部门和企事业为单位进行划分和计量的。

高校在人力资源方面具有先天优势,即拥有源源不断的优秀人才和层出不穷的科研成果。高校的人力资源是一种特殊的人力资源,其本身是一种优质的人力资源,同时高校承担着培养重担,任何国家要发展高科技产业,要发展知识经济就必须要重视高校的作用。在新的时代背景下,高校要真正融入知识经济中去,就必须从自身的人力资源管理着手,合理地利用和开发人力资源。

（二）高校人力资源结构优化

在高校人力资源结构中,教师是其中重要的部分。因此,下面主要从高校教师人力资源结构优化层面来分析。

1. 做好规划,指导教师队伍建设工作

高校要树立科学的发展观和人才观,坚持以人为本,把教师队伍建设始终作为高校改革和发展的大事来抓,科学制订学校发展战略规划和教师队伍建设规划,为教师队伍建设工作提供指导性文件。要对教师队伍的现状做出客观分析,根据国家下达的人才培养任务和学校的办学目标,确定专业建设规划和教师人力资源建设规划,对教师的学历、职称、年龄、学缘、双师、专业及专业带头人等结构提出相应的要求。

高校在进行教师人力资源建设规划时,应当加强结构意识,做好个体素质与整体素质、潜结构与显结构的有机结合,全面实现高校教师人力资源结构优化,使之发挥整体系统功能。

2. 建设富有创新能力的高层次人才队伍

第一,以专业建设为平台培养高水平专业带头人。大师是显示教师队伍水平的标志性人物。一所高校在国内是否有地位,主要看它是否有一流的教师队伍,一流教师队伍的重要标志之一就是要有高水平的专业带头人,要有具有国内领先水平的名师。高水平"专业带头人"是指在本专业及相关领域造诣精深,且有较大影响力的行业领导人物。以专业建设为平台,加强高水平专业带头人的建设,一是要不断完善高水平专业带头人队伍的选拔培养机制,二是要加强对高水平专业带头人尤其是对精品专业、重点专业建设大类的主体专业的专业带头人的能力素质建设。

第二，大力建设创新平台，加强创新团队建设。创新团队建设成为教师人力资源结构优化的重要工作，它需要充分挖掘现有教师队伍的潜力，在分析现有教师的优势、特点与不足的基础上，扬长避短，优化组合。高校要积极适应这种趋势，采取切实措施，加强团队建设。要积极推进高校各专业的教学科研组织改革，创新高校人才培养模式，着眼于承担地方和行业重点发展领域或先进技术前沿的研究任务，以创新为平台、以产学研基地为基础，以优秀拔尖创新人才为核心，实现设岗、选人与做事的有机统一，重点支持建设一批高水平的创新团队。

第三，重视中青年专业带头人和骨干青年教师的培养。专业带头人的选拔和培养是高校教师队伍建设的重要方面。专业带头人是各个专业的旗帜和领军人物，没有专业带头人的专业建设是平庸的、不完整的。但是，专业带头人团队如果没有梯队结构，青年骨干教师素质跟不上，专业带头人团队出现断层现象，将不利于教师队伍的可持续发展，尤其不利于优势专业和特色专业的可持续发展。因此，各高校要高度重视专业带头人梯队和青年骨干教师团队的建设。为了促进专业带头人梯队和骨干青年教师团队的形成，应培养和造就一大批具有创新能力和发展潜力的中青年专业带头人和青年教师骨干，形成可持续发展的优秀人才梯队。

二、高校教师的信息素质

（一）高校教师信息素质的特点

关于高校教师的信息素质，可以将其理解为高校教师在教学过程中所用到的一种特殊能力，这种特殊能力涉及在教学活动中信息技术的运用以及相关教学任务的完成等方面，其中又进一步蕴含着若干子能力。

高校教师的信息素质是在其信息化实践知识的基础上建立起来的，其要进行进一步的发展，对信息化情境有一定要求。关于高校教师信息素质的特点，可以大致归纳为以下几点：

1. 复合性

高校教师的信息素质所涉及的具体能力是各个方面的。比如，从基本的教学方面来说,不管是知识、技能的传授能力还是实践能力,不管是针对高校教师发展的能力还是促进学生信息化学习的能力,不管是什么级别的信息能力等都属于高校教师的信息素质的范畴,这就将其复合性特点体现了出来。

尽管传统意义上的高校教师也具有复合性能力,但是信息素质与之是存在着差异性的,这与信息技术要素的动态介入有着直接的关系。在信息化的学习环境中,对高校教师驾驭教学的能力有着更高的要求,期待高校教师的教学能力能够尽可能地全面。具体来说,要求高校教师要有信息化教学知识内容的传授能力,更要具备促进不同学习风格和不同学习策略的学生实现信息化学习的能力。由此可见,高校教师的信息素质具有综合化、多层次化的特点。

2. 关联性

高校教师应该具备的信息素质,并不是指某一种能力,而是众多子能力的综合,并且这些子能力之间是相互联系、相互影响、相互作用、彼此关联的。

第一,高校教师的信息素质是在基本的教学能力基础上实现的。基本的教学能力主要涉及驾驭学科教学内容的能力、一般教学法的相关能力、基本的教学技术能力等。

第二,对于高校教师来说,其信息素质主要涉及英语学科内容能力、信息化教学法相关能力等,这就一定程度上将高校教师教学能力形成与发展的融合性特点体现了出来。

第三,高校教师的信息素质的发展是呈递进形式的。另外,在不同的发展阶段,高校教师的信息素质是有着不同的侧重点的。要想使高校教师的信息化教学子能力得到良性发展,在动态的发展中寻求新的平衡与协调是重要途径之一。

3. 发展性

信息化带来时空结构的变换,对教学的整体发展起到促进作用,也促进了高校教师综合素养的发展和提升。

第一,高校教师不仅要具有信息素质,还要不断发展信息素质,这样才能更好地适应不同的、复杂的信息化教学情境与信息化教学实践,也才能使不同的学习对象的不同学习发展与能力要求得到较好满足。

第二,在当今这个信息化社会中,信息技术更替周期逐步缩短,信息化学科教学与相关的教学方法也处于不断发展变化的状态,这样才能使相关教师教学能力变化发展的需要求得到满足,才能与新技术、新工具、新方法带来的变革相适应。

第三,高校教师的专业发展呈现出动态性、终身性的显著特点,这也一定程度上将信息化社会的特点反映了出来。高校教师要想得到专业化的成长,要求其要根据不同的职业发展阶段来不断发展和优化自身的教学能力结构。高校教师信息素质的发展具有一定的导向作用,这主要体现在高校教师信息化教学智慧的创造方面。

4. 情境性

在信息化社会中,高校教师信息素质的形成与发展是在一定的信息化教学情境中才能发生的,这就赋予了其显著的情境性特点。对于同一教学对象、同一教学内容,在不同的信息化教学情境实践中开展的学习活动,对高校教师的信息素质有着较高的要求,为了使二者有良好的适应性,需要高校教师的信息素质也必须是多样的。高校教师的信息素质是依赖于信息化教学情境中主体实践的体验的,因此高校教师信息素质的发展在信息化教学情境体验方面是有一定的要求的,否则发展就无法实现。

(二)高校教师信息素质的层次

高校教师信息素质包含以下三个层次:

1. 第一层次：知识基础

第一层次的知识可以大致分为以下几个方面的内容:

(1)学科知识

所谓的学科知识,主要是指专业知识、概念、理论、方法以及相关联的学科理论内容等,对于高校教师来说,则是其从事教学的专业知识准备。

(2)一般教学法知识

一般教学法知识,所指的通常就是教学的一般性原理、策略和方法等。这方面知识的主要功能在于,完成教学的准备、教学的实施、教学的管理、教学的评价以及对教学目标和教学过程的认识等,从而进一步对教师教学和学生学习起到促进作用。

（3）学科教学法知识

学科教学法知识，实际上是两方面知识的综合，即主要是学科知识和一般教学法。

（4）教学技术知识

教学技术知识大致主要是指教学媒体和教学手段的应用知识。这方面的知识包含各种传统教学技术和先进科学技术的重视和技能。

2. 第二层次：知识主体

第二层次的知识所包含的内容主要有以下两个方面：

（1）信息化学科知识

教学技术与学科知识相互融合后的知识，就是所谓的信息化学科知识。教学技术的功能在于使学科知识以信息化的方式更方便、更灵活地表达、呈现与扩展。

（2）信息化教学法知识

教学技术与一般教学法融合后产生的新知识，就是所谓的信息化教学法知识。在教学活动中应用一定的教学技术之后，就会一定程度上使教学中的要素发生相应的变化。比如，原有的教学法有所巩固拓展，一些新的教学方法产生等。

3. 第三层次：最高知识要求

第三层次的知识所包含的内容主要有以下两个方面：

（1）信息化学科教学法

教学技术与学科知识、教学法融合后产生的一类知识，就是所谓的信息化学科教学法知识。这类知识是特殊的，主要表现为其是高校教师信息素质的最高知识要求，也是高校教师信息素质发展中，教师获得知识的最高境界与追求。

（2）教师信息素质的知识核心

一般的，处于高校教师信息素质知识核心地位的内容主要有四个方面，分别是信息化学科知识、信息化教学法知识、信息化学科教学法知识、教学技术知识。

（三）高校教师信息素质的培养策略

关于高校教师的信息素质,要想有效促进其发展,需要采取相应的培养和发展策略。这方面的策略有很多,为了便于理解和操作,可以将这些培养策略大致分为三个方面:一个是促进英语教学发展的外部环境条件——宏观策略,一个是促进其发展的方法论——中观策略,还有一个是促进其发展的内部系统和直接条件——微观策略。每一个策略又包含了很多具体的内容。

　1.宏观策略

高校教师信息素质培养的宏观策略,主要包含社会发展的需求、国家政策的保障、教育改革的引导、学校组织的支持以及教师成长的动力这几个方面内容(图5-3)。外部环境的建设是高校教师信息素质培养发展的重要基础。

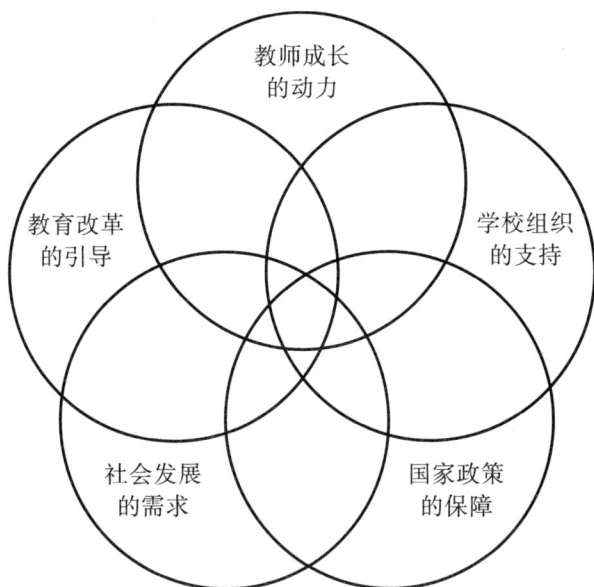

图5-3　高校教师信息素质培养的宏观策略

（1）社会发展的需求

信息化社会的一个显著特点就是信息量激增,知识更新周期缩短。对于教学来说,教育的信息化已经渗透其中,因此作为教育实施者的教师信息素质的培养至关重要。信息化社会对信息化人才的培养要求是要具有创新精神和实践能力,因此从高校教师自身的角度来说,自身的信息化发展就显得尤为重要了。可以说,高校教师信息素质的培养,不仅是信息时代对高校教师的能力要求,也是信息技术深入渗透教育的发展需要。

关于高校教师在信息化社会中需要培养的教学能力,可以大致分为三个方面:一个是信息化学科知识,一个是信息化教学法知识,还有一个是信息化学科教学法知识。

（2）国家政策的保障

关于国家在政策方面对高校教师信息素质培养策略的支持与保障,主要从相关通用教师教育技术能力标准的颁布与实施、教师相关信息技术能力的国家层面的培训项目支持等方面得到体现。

从国家政策保障的层面来说,高校教师信息素质的培养和发展,要重视高校教师教育技术能力中教师信息素质相关的明确要求,根据实际情况来对教师相关能力标准的规范进行适当调整,也不能忽视了教师相关能力的培训、考核与认证等方面的工作内容。经费投入方面也是需要重点关注的方面,由此来保证教学信息化发展的基础和条件。这样才能从政策和资金等方面有效保证高校教师信息化教学能力的培养和发展,使其多层面和终身化的实现得到保障。

（3）教育改革的引导

教育教学的改革成为现代社会促进教育教学发展的一个重要路径。应该说,教育教学改革在课程体系、实践教学、教学方法策略等方面,已经有了很大的改革与引导。

高校教师教育改革往往跟不上基础教育课程改革的步伐。这在高校教师相关信息技术能力的培养和发展过程中也有着突出的表现。因此,高校教师信息技术能力的相关培养和发展,不能仅仅局限于教师信息化教学能力的提升,也要涉及其能力标准、相关教学评价以及相关科学研究等各个方面。

（4）学校组织的支持

高校教师的教育教学活动的开展,都是在学校中进行的。可以说,学校是教师教育教学活动的场所,教师教学能力的发挥也需要在这样的平台上来实现。

对于高校教师信息素质的培养与发展来说,这一目标是需要在一定的支持条件下才能实现的,而重要的条件之一就是学校组织的支持。具体来说,这一支持包含着丰富的内容,如校长的支持、资源的准备、培训的参与、教学的交流等。

（5）教师成长的动力

高校教师的信息素质培养和发展要具备重要的条件,这一条件主要是指外部因素,而起到关键性作用的是内因。换言之,高校教师自身必须具备培养和发展的最终内驱力,才有可能实现信息素质培养和发展的目标。一般来说,高校教师信息素质培养和发展的内因主要包括高校教师自身的自信心、正确的态度、时间保证、知识的准备等。同时,信息化社会高校教师的专业成长需要,也对高校教师信息素质的培养和发展起到了积极的促进作用。

2. 中观策略

高校教师的信息素质培养与发展,在方式、方法和策略方面也有一定的需求,也就是要有促进其发展的方法论,即教师信息素质发展促进策略的中观层面。关于高校教师信息素质培养与发展的中观策略,主要有以下几个方面:

（1）职前培训与在职培训相结合

教师信息素质发展是一个系统的过程,并且整个发展过程实现了动态、开放、多元、协作、终身能力发展的转变。职前培养与在职培训在高校教师信息素质培养和发展的过程中是处于非常重要的环节,二者之间有着紧密联系。其中,职前培训所涉及的主要是高校教师的技术知识、技能的学习和模仿,虽然也有一些教学实践环节,但总体上要以高校教师信息化教学知识和技能的获得为主;在职培训所涉及的内容主要为知识、技能在新情景中的动态应用实践,当然也包括一些技术知识、技能的学习。

（2）传统方式与网络在线相结合

在现代信息化社会中,尽管获取学习信息资源的渠道已经多元化,并且对高校教师信息素质发展的网络在线途径的重视程度比较高,但是这并不是唯一,传统的方式也不能完全被忽视,也要适当采用,从而保证其知识获取、教学经验分享、教学研讨、协作教学等的顺利实施,实现与传统方式的有机结合。

（3）技术知识与实践应用相结合

高校教师信息素质的获取,是由处于基础性地位的教学技术知识,经过教育教学实践,而转化成的教学应用能力,因此也可以将教学的信息素质,理解为高校教师技术知识与实践应用相结合的结果。这两个方面,缺少了任何一方,高校教师的信息素质都不可能实现,因此将二者有机结合起来是非常有必要的。

3. 微观策略

高校教师信息素质培养与发展的微观层面的促进策略,大致可以分为以下三个方面:

(1)以自主学习为主的知识积累

对于高校教师的信息素质的培养和发展来说,教师的自主学习是非常重要的基础条件和动力源泉,也是高校教师专业发展的内驱力。通过自主学习,能使高校教师实现知识积累,促进教学,促进学生的发展。这在高校教师的职前培训和在职培训中都有所涉及。某种程度上,通过自主学习,能够使高校教师在信息素质不同发展阶段获得的离散知识更具系统化,使得信息化社会中教师的专业发展更具动态化、可持续、终身化。

(2)以教学实践为主的应用迁移

关于高校教师信息化教学实践的形式,可以将其理解为高校教师教学技术知识、技能在具体情境中迁移应用的体现,是一种"理论化的实践"。因此,高校教师要以教学实践为主,在不同的信息化教学情境中,实现信息化教学融合与信息化教学交往,在实践中反思,在反思中成长,最终实现高校教师信息化教学智慧的生成与创造。

(3)以协作教学为主的对话交流

高校教师的信息素质包含的子能力有很多,其中之一就是信息化协作教学能力。教学观摩、教学研讨、协作交流、协作科研等都属于高校教师协作化教学能力的范畴。某种意义上,高校教师在信息化社会中以协作教学为主的对话交流策略,是对现代社会的一种体现,具有显著的时代性特点。

第六章 网络时代下高校教育质量评估管理

当今世界已经进入高度全球化的时代,高校教育正以前所未有的深度和广度融入全球化的浪潮中,这对高校教育的发展产生了深刻的影响。全球化背景既给中国高校教育管理的发展带来了机遇与挑战,也为我国高校教育改革从量变到质变提供了可能与契机。为了从根本上实现高校教育质的飞跃,为高校教育不断注入新的活力,就必须要充分利用网络技术为高校提供优质评估方式,从而形成高校教育的新发展态势。

第一节 高校教育质量建设与管理

一、高校教育质量的内涵阐释

高质量教育是社会对高校提出的真正要求。要建成高质量的教育,如果不考虑学生本身的需要,建设过程可能会很快,但是建设后会增加高校学生的学习压力,增加学生学习无用知识的时间。有学者提出解释,高校教育质量是一种衡量教学成功与否的标准,高层次院校制定完整教育目标后,学校通过流程化的教学对学生的各个方面进行教育熏陶。从定义中可以看出,高校教育质量的内涵与经济管理领域中的质量内涵在本质上是一致的,即"一组固有特性满足要求的程度"①。

基于经济管理领域对质量概念的内涵来理解高校教育质量是适切

---

① 梁迎春,赵爱杰.高等教育管理与质量评价研究[M].西安:西安交通大学出版社,2017:1-6.

的。在经济管理领域,质量的载体是产品,产品既包括有形的物质产品,也包括无形的服务产品。而高校教育的产品是所培养学生的质量,是高校满足社会和政府对其的需要,也是高校通过教育设备、知识课本和优秀的师资力量培育出全方面人才的过程。在教育的过程中有多个主体涉及其中,他们既对教育的过程进行投入,也时刻要求着教育培养的方向是他们所需要的,所以高校只相当于政府和社会企业之间的桥梁,沟通着国家政策和基层民众需要,高校通过培养专业的技术人才为政府和社会企业提供着教育服务的功能。当我们确立高校教育服务是高校教育的继续行为之后,教育服务就是高校对社会做出的服务举措。在经济管理领域,质量是产品(含服务)的"一组固有特性怎样符合社会的需要",所以教育质量是高校在新的教育形式下必须改革的重要部分。这二者之间存在一定的差异性,这主要源于市场交易的商品具有典型的私人性,而教育服务具有鲜明的公共性。但这种差别并非本质的不同,对于非义务的高校教育而言更是如此。因此,将 ISO 的质量定义应用到高校教育质量的内涵解析上来是恰当的。高校教育的服务面向不仅包括学习者,还包括政府、企业以及其他社会机构。从全方位的视角去理解,提高高校教育质量,这一内涵中的"受教育主体"容易造成一种误解,将广泛的需求主体狭隘地理解为学习者。更准确地说,高校教育的需求主体应当是所有的利益相关者。

结合上文来看,将高校教育深化为对社会的服务是高校教育模式改革的主要发展方向,学生是这个过程中的最大受益者,将高校教育质量定义为高校教育服务所具有的特性能够满足利益相关者需求均衡的程度。学习者当然是最重要的利益相关者之一,除学习者之外,还包括政府机构、企业单位及其他社会主体。高校的教育不仅要让学生获得全方面能力,还包括满足政府机构、企业单位和其他社会主体需求的程度。高校教育质量所要努力去满足的"需求"应当是各个利益相关者需求在多重博弈之后形成的均衡解。能够在多大程度上满足需求均衡解,才是促进高校教育改革的指导思想。

二、高校教育质量体系建设

(一)质量评估

在 20 世纪中期以后,世界高校教育进入快速发展期。在高校教育急剧扩张的同时,伴随着高校教育经费短缺,再加之公共问责的范围越来越广泛,高校教育质量评估成为影响高校生存与发展的关键,从而掀起了新一轮声势浩大的高校教育质量保障运动。

构建评估策略体系是提高高校教育质量的重要手段,只有进行有效监督才能对教育形势做出准确的把脉和诊断,找到问题的症结所在,质量保障和质量改进才有坚实的基础。否则,高校教育质量建设很可能在错误的方向上渐行渐远。

（二）质量保障

对高校的教学活动进行保障性评估,也是确保国家教育政策落地、提升人才培养质量的有效手段。对高校教育进行质量保障不是对单一专业的监督评价,也不是一项单独的工具或技术,是高校内部各专业的通力合作。创新教师理念、加大教育投入、提高教育质量、促进教师发展、完善教育评估、争取社会资源等方面都是高校教育质量保障体系中的重要内容,但他们每一个具体方面仅仅是一个构成要素,要素功能的充分发挥有赖于健全的总体方针政策来保障运行。在以往发展高校教育的过程中,过于注重要素而相对忽视了结构。以人才培养质量为例,高校管理者和教育者往往把人才培养质量归结为教务处的职责,而忽视了人才培养质量的责任是高校的整体责任,每一位教师甚至职工都与人才培养质量有着重要的关系。高校可能会把某方面的工作做得很优秀,但整体办学质量难以得到切实保障。高校教育质量的保障是一项系统性工程,它有赖于高校教育管理者对各要素进行有效的统筹,如此才能发挥出最大的效益。高校教育质量保障体系包括以下几个主要内容:理念创新支持系统、教育经费支持系统、教师人才支持系统、社会资源支持系统和国际资源支持系统等。

质量保障是高校为达到高校教育质量标准所做的持续性发展过程。我国一位教育学者曾提出,建立完整的高校教育质量保障体系需要教育活动中的各方主体共同参与,首先需要评价机构与学校合作制定出评价检验规范,同时高校内部教职教师和学生都可以对本校的发展提出自己的建议,高校管理者必须定期向基层了解发展意见,从下至上形成合力提升学校专业教学水平。质量保障贯穿质量建设全过程,在任一环节都不能缺失高层次的总体性的教育目标。质量评估仅仅能检验高校的教学结果,但对教学过程中出现的问题无法给予帮助,它具有明显的阶段性或局限性。但是,质量保障只能是连续性的过程,因为每一个中断都可能会对正常的高校教育质量建设过程造成致命的打击,可能会对学习者发展带来负面影响,也可能会对学校发展带来严重破坏。在这个意义上,质量保障是高校教育质量建设永恒的主题,在这一连续性过程中不容许任何中断,质量保障没有"假期"。质量保障是高校为达到高校教育质量标准所做的制度性建构过程。

高校教育质量保障当然离不开要素投入,但更重要的是如何将各种要素有机统一以产生更大的功效。这需要一套相对完善的制度机制来保障,它体现了对高校教育质量管理的思维方式创新。对高校教育进行教育质量保障也是管理高校教育的一种新形式,但是质量保障有自己的运行规律,应该在进行专业的理论研究的基础上进行技术性的评价保障。

总之,质量保障与质量评估具有紧密的内在联系,质量评估以质量标准为前提,而质量保障又以质量评估为基础。坚持合理标准、科学评估,高校教育质量保障才会有稳固的基石,高校教育质量才会有可靠的保证。

（三）质量改进

高校建立的教育质量检验标准是为了确保国家教育政策进一步贴合我国教育实际情况,避免高校教育改革过程中出现的一些问题,同时教育质量保障活动也能反映出政府的教育资源是否均匀地分配给各高校教育内部,有助于解决高校教育内部资源配置的问题。但是,高校教育质量建设的终极目标并不仅仅停留在对基本标准的达成,更重要的是对标准的超越,即质量改进。因为追求更高质量是包括政府、企业、社会、学校、教育者、学习者等众多利益相关者在内的全社会的共同诉求。更高质量的高校教育能够为社会培养更多高素质人才、创造更多高质量研究成果、提供更多优质社会服务、传承并创新更多优秀文化成果;更高质量的高校教育能够促进学习者提高就业能力,也能为学习者终身发展能力奠基;更高质量的高校教育是高校教育机构在激烈的市场竞争中,科学发展、和谐发展、可持续发展的生命线。也就是说,高校教育质量建设是不断超越的过程。每一个阶段都有不同的教育质量要求,根据经济发展状况不断提升教育质量是经济全球化的必然要求。

质量改进是质量评估和质量保障达到高校教育质量标准之后,不断追求的新的教育质量目标。对教育活动进行质量改进与进行教育评估不一样,但质量改进与教育评估共处在一个更广泛的连续性过程之中。质量改进也可称作质量提升或质量提高,如果高校教育能够得到明显的质量改进,对高校进行教育质量评价时评价标准的等级划分可以更详细,会减轻政府教育部门的工作压力,使企业拥有更多的新型技术人才,促进国家整体教育经济水平的提升。从这个意义上讲,建立质量改革目标和对教育效果进行质量评估都是为了对高校教育理念进行改进。也可以说,"质量保障与质量提升是同一个问题的两个不同侧面,前者侧重于最低"底线",后者更强调更高诉求——追求"卓越"。"卓越"没有标准,没有最高,只有更高,因此高校教育质量改进就是一个没有终点的连续性过程。不断的质量改进是高校教育实现其本体性价值和工具性价值的要求和体现。

在高校教育质量建设体系的质量评估、质量保障和质量改进不同层次上,所有的利益相关者都应当是责任主体,都对高校教育质量建设担负着一定的责任。但是,在不同层次上,各种利益相关者所负责任比重并非固定不变。在传统的质量评估过程中,只有政府部门从事评估工作,评估机构相对单一,忽视了高校的自我评估和社会机构的第三方评估。未来的发展应当是这三类核心利益相关者共同参与、均衡协调。关于质量保障方面,政府的主要作用是为高校建设投入资金和教学设备,高校则是具体采取有效措施来实现质量保障,社会参与具有重要意义,但往往需要政府和高校提供有利的平台和机制。总体上讲,由于高校是典型的利益相关者组织,政府又是公共利益的代表者,政府具有信任度和权威性,有责任保障高校教育机构向社会提供的教育人才能够满足不同岗位的需要。当然,这并不意味着政府要参与整个评估过程,政府也可以提出自身对教育质量的要求,但具体实施可以通过高校和第三方机构去完成。

高校教育系统是复杂性系统,质量受到高校教育系统内各组成部门和主体机构的制约。进行质量改革要将教育过程中的主体进行多层面、多途径综合治理。总体上讲,坚持特色化战略、一体化战略、国际化战略和协同创新战略是推动高校教育质量改进的重要路径。

三、高校教育质量管理

（一）高校教育质量管理的价值内涵

价值一词最早是在哲学概念中产生的，人们对于价值的普遍理解是一个物体和另一个物体之间的关系，一方能不能满足另一方需要，如果一个物品不能满足其他客体的需要，那它就没有价值，是无意义的东西。将其放在教育领域就是高校教育质量不能满足社会对于人才和技术的需求，高校的教育活动就是无意义的。教育政策是政府教育部门针对高校教育问题结合国家教育理念制定的高校教育指导方针，教育政策是为教育质量服务的，教育政策也有它的价值体现，假如教育政策的具体条例不能增加高校教育教学的水平，不能满足高校对于领导方针的需求，教育政策就只是一句空口号。将价值概念与教育过程中的各个理念相结合是为了让人们更加深入了解政府为提升教育做的各方面的努力，能够明确看见高校教育的进步，如果社会在促进高校教育的方面也能有其衡量标准，确定帮扶方向，社会对高校教育的帮助会更加有效率。

目前，对于高校教育质量管理的检验标准没有达成统一的认识，所以各个国家教育领域的学者对此展开了研究，提出了在教育活动过程中应该平衡的两点要求就是效率和公平，注重教育过程中的培养人才的效率，教育就是为了培养专业人才提高企业发展水平，只有为本国培养出高水平的人才，才能够提升自身在国际范围内的话语权和主动权。因此，"注重效益"必须包含在高校教育质量管理的价值选择的基本内涵中。

在注重"维护平等"的时候不能忘记保障高校教育质量，就其本身来说高校教育有自己的教育主体，高校教育是为教育主体发展的。[①] 在高层次教学的环境中，不能将效率与公平分开，如果只重视教学效率和培养人才效率会忽视对于教学设备和学生学习能力的关注，会使学生的学习积极性下降，沉迷于机械式学习。而且教育的效率分为很多种，有教学效率和答题效率等，但是有许多的改革者将改造专业获得的经济效率放在首位，假如学校的教育只看重通过每次的教学改革能够带来多少

---

① 丛晓峰，刘楠.高校教学改革与质量管理研究[M].北京：中国海洋大学出版社，2008：1-6.

经济利益,学校就会变得商业化,使校内师生心理负担更重,担心自己创造不出更高的经济价值就会面临淘汰命运。但是,不看重教学过程中的效率也不可取,对教师的教学和学生的掌握情况如果不用效率来衡量,那会给双方极大的随意性,二者的行为会更加体现个人想法,缺乏前进动力,所以要通过一定方面的效益保障来提高教育过程中的平等。

（二）高校教育质量管理的价值取向

1. 价值冲突

在参与高校教育活动的各个利益主体中,每一主体对于高校教育结果的要求都是不一样的,在这种情况下就需要政府制定的教育政策要从多方面去衡量其标准,如果不能将教育过程中的各个主体之间的利益关系协调好,高校课堂教育过程就会受到影响。

（1）功利主义的价值标准与缺陷

从 20 世纪开始,功利主义由于其操作方便而对社会各界都产生了深远的影响,被广泛应用于政治、经济和法律等方面作为价值评判的标准。功利主义认为,政府的价值取向应该是对有限的资源进行科学合理的安排使其效益最大化,对具体个人来说,就是要尽可能保障个人的福利。为了大幅提高教育质量,提升学生的就业率,学校领导过于将优质资源偏向应用学科,忽视了基础学科的建设,造成教育质量在不同学科领域出现了发展不均衡的现象。高校的受教育者一度成为从教人员追名逐利的工具和手段。

由于受到高校内部功利主义的严重影响,教育的价值观变得狭隘扭曲,高校教育的职能也受到了限制。功利主义的消极影响引发了一系列问题:第一,人们只停留在短期的利益上,而没有用发展的眼光看待高校教育的价值。第二,高校将大量资源都运用于实践性强的学科,忽视了基础学科的建设发展。第三,只注重学生的"片面教育",忽视"全面发展"。[①]第四,过于看重资源的分配,没有切实做到教育公平。功利主义认为,教育质量的提高可以使社会公益机构和企业加大高校教育资金投入,可以创造更多商业利益。但是,功利主义的价值观念就是把重点学校的重点专业发展好就已足够,其他基础学科发展得如何都和学校利

---

① 马义中,汪建均.质量管理学（第 2 版）[M].北京:机械工业出版社,2019:3-9.

益没有太大的关系。这种教育观念取得的办学效果明显，但是基础学科学生的相关权益却无法得到保障。当学校的制度和学校的发展不相匹配的时候，必然会出现"教育危机"。

（2）理想主义的价值标准与缺陷

理想主义的概念在很久之前就被人们提起。两千多年前，理想主义萌芽就已出现，哲学家柏拉图认为希腊应该是一个正义而完美的城邦，并提出了"乌托邦"的理想社会，亚里士多德坚信"幸福岛"是真实存在的，他们都追求正义和自由，为了突出这种本质，构建出了多种理想型社群。理想社会是自由和平等的象征，使人们身处其中不用考虑外在的一切，充满了虚幻和不现实。

自由教育是当时的等级社会中只有上等社会阶层才存在的一种特权教育，如同人的"大脑"，普通教育则是"身体"。理想主义者艾德勒提出，自由教育在对任何人、在任何时间、任何地点的最终目标都是一致的。

十年树木，百年树人。教育是一个战线长远的公益性事业。但如果没有正确认识到理想主义的价值理念，也会引发许多问题。第一，高校教育无法实现公平公正，只能成为政策制定者和相关利益集团的获利工具。第二，在践行教育目标时，受到理想主义观念的影响，没有严格落实教育目标和价值理念。第三，过于坚持理想主义，会出现"绝对平均主义"。

在理想主义的价值观念中，政策的唯一标准是公平。在开展教育活动时，理想主义认为，不管资源多少，都需要平均分配，与后来提出的人权平等的观念如出一辙。这种价值观念虽然在一定程度上适合长期的教育发展，但也有可能会引起"全面平庸"，即教育的发展无法促进现实社会和经济的发展。如此一来，教育的外部环境因素不得不对高校教育的体系进行内部的深化改革，从而不断适应外部环境的变化，这种做法也会导致"教育危机"的出现。

在制定保障政策的过程中，也难免会面临价值观念的选择问题，即是追求资源分配的效率还是追求教育资源的公平。在进行价值选择时，首先要确立能够反映受众需要的政策目标。政策的实施手段即达到目标的方法，没有正确的方法，就无法实现政策目标。而价值选择的最近一个过程是政策的最终结果，即政策的评价标准空间是何种价值观念。

随着社会的利益不断多元，政策的价值标准也应该随之多元化。要确保公共政策目标公平、合理,就必须要整合各种不同的价值观念和取向。整合不同的价值观念的重要方式之一就是要确定政策有哪些优秀价值标准。优秀价值标准是指在符合绝大多数群体利益的情况下还能够兼顾其他社会群体的利益,或者将其他群体的利益损失降到最低、被社会群体广泛认可的价值标准,也与帕累托最优相吻合。如果在制定相关保障政策时,无法根据实际情况做出正确、合理的选择,就无法实现最终目标,引发一系列现实矛盾,便会弱化价值观念。

可见,无论确保"公平"还是确保"效益"都无法摆脱"教育危机"的出现,无法促进教育保持持续发展,但公平和效益本身并无优劣之分,都是发展高质量教育的过程中需要考虑的现实问题。同时,教育对于不同主体来说有不同要求,在落实教育政策的过程中,人们主要从内在尺度的层面考虑制定的保障政策的价值观念是否能够满足个人发展需要,是否能够实现个人价值,再进而决定是否要接受这种价值选择观念。结合我国高校教育的实际情况来看,要提高教育质量,需要始终坚持"效率优先、兼顾公平"的基本原则,既要以功利主义的一部分观念为指导,也要制定科学、公正的制度加以补充。精英教育和大众化教育是我国高校教育质量管理体系中的一对基本矛盾。在扩大高校招生规模的同时,重点高校的政策也会逐渐凸显。

为提升资源分配效率,高校在教育质量管理方面必须要通过各种形式提高自身的核心竞争力,如扩大办学规模,合理分配资源,促进应用学科和基础学科的协调发展,不断优化资源分配体系。要实现价值的公平,高校教育在制定教育质量管理相关政策时就必须始终以"公平"为基本原则,确保制定过程和保障活动结果的公平。但在保障活动的具体实施过程中,并非所有活动都体现出公平性。

2. 利益冲突

从高校教育质量管理的相关文件政策中可见,各方面的冲突显而易见。这些冲突主要表现为保障政策的价值冲突即高校教育质量管理体系的主体之间存在的严重利益冲突。具体来说,教育基础较好的学校拥有政府较多的资金和设备投入,教育基础本就薄弱的高校则更加缺少发展空间;各高校之间相同专业方面会存在一定的竞争攀比,但都是朝着国家和政府对专业的基本要求方向发展的,没有产生恶意竞争现象。

各价值主体间的利益冲突主要有中央政府和地方政府之间、政府和高校之间、普通高校与职业技术学校之间的矛盾等。我国教育目标的最高层次是要满足于国家发展的需要,但是高校教育与社会基础存在一定的联系,在具体的教育培养活动中各方参与力量难免会对教育过程,教育方案产生一定的干扰,因此当前亟需相关部门清理教育培养的影响力量。我国目前针对国家政策需要建立起了国家重点培养大学,这是高校之间不断发展的结果,评选的过程都是处于大众监督下,受到人民群众的认可,应当是符合高校教育质量管理体系的秩序和最终目的的。但是对高层次院校进行排名次后,高校在发展时不能只顾如何提升学校的综合竞争力,忘记在教学的过程中最重要的主体仍然是教师和学生,不能减少对学生接受能力的关注。

我国的高校教育质量管理体系存在着诸多利益冲突,这是其价值冲突在教育中的集中体现。在高校教育的质量管理利益冲突中体现出的是资源分配和竞争之间、经济效益和正义结果之间、自由市场和秩序之间的多种价值冲突。

3. 价值选择

（1）酝酿期的实际价值选择

随着我国高校教育的自主权不断提升,政府对高校的教育质量的评估也不断加强,评估标准也不断提高。对高校的教育进行多方面监督,包括高校的学术研究水平、学科发展状况、学校的行政和后勤、实验室的管理等诸多方面。此外,在最高教育相关部门的集中领导下召开了一系列关于教育评估的学术研讨会议,各领域的专家学者共同对先进教育经验展开学习,找出我国教育评估实践过程中存在的问题并寻求有效的解决途径。社会的发展进步离不开高水平人才,而人才来自科学合理的高校保障制度。因此,教育体制改革刻不容缓。

（2）探索期的实际价值选择

高校教育发展的核心问题是质量,制定高校教育质量标准的主要依据是国家的新型教育政策。随着我国高校教育的规模不断扩大,其教育质量也受到了一定的影响。我国的高校教育也面临着前所未有的机遇和挑战。高校招生规模扩大,学生数量大幅增加,教育资源严重缺乏,学生生源质量也无法得到保证。发展高校教育如果只停留在扩高校学生数量方面,而忽视了教育质量的提升,则算不上是高校教育的发展进步。

（3）创新期的实际价值选择

21世纪以来,我国高校教育的质量标准改革经历了前所未有的变化。高校的教育逐渐重视对学生的素质教育,其标准也更加全面和多元。随着高校教育质量标准的提升和社会发展的实际需要、高校的课程设置更趋于职业化,满足市场企业对于吸纳高校人才的需要,高校教育质量观念也逐渐转变为符合自身发展要求的多元教育质量体系,最终实现高校教育质量管理多元。综上,在创新发展阶段,我国高校教育质量管理的价值选择主要以激励为主。

（4）完善期的实际价值选择

对高校教育进行价值评估是对其是否教育合格并满足市场预期的检验。在高校教育的发展过程中,高校教育评估在价值观念的认识上也出现过问题,将高校教育评估作为政府评判高校教育的社会性价值的工具,磨灭了人们对于教育真正价值的认识。等到我国高校教育发展到一定规模,我们对教育评估逐渐有了科学正确的认识,高校教育评估的主体对象也逐渐多元化。高校中的师生、社会组织、中介机构等都是评估主体当中的一部分。

高校教育是为培养人才而开展的教育活动的总体性概括。随着人文主体地位逐渐受到重视,学生在决定享受教育时也越来越注重自身的全面发展,满足个人的成长需要。为了适应社会和经济的不断发展,我国也在不断进行教育改革,以期能提升全社会对高校教育的关注度,在培养人才时更加注重"以人为本",即培养全面发展的人。"以人为本"的教育观念认为,开办高校教育就是为了让每个个体都能得到全面、和谐的发展,突出个体中心的价值观念。高校教育质量管理则是通过完善质量的标准进而实现受教育者的全面发展。因此,高校教育质量管理行为的落实不能只考虑到社会发展的现实需要,更应该将人的全面发展放在首要地位,并始终以此为目标促进高校教育人才培养的体系完善和发展。

在完善期间,我国高校教育质量管理必须要从人的实际需要出发,这是社会发展和人类发展的必然结果。高校教育质量管理必须以"培养人才为中心",开展"素质教育",兼顾资源分配效益和教育质量,实现多元价值目标。

因此,我国高校教育质量管理经历了以上几个阶段。酝酿时期,高校教育质量管理是政府提高对高校控制力的主要手段,是政府行政职能的体现；发展时期，教育发展状况成了各国攀比的工具，满足各国对于国际地位的需要；革新期，高校教育是对于全社会都有益处的教育模式，最终发展到完善期，产生了多元价值取向。

（三）高校教育质量管理的实现路径

教育兴则国家兴，教育强则国家强。面对世界各国都大力发展高校教育的情况，我国也应该采取新的策略改进办学模式，高校教育必须积极解决"培养什么样的人、如何培养人、为谁培养人"的根本性问题，以"立德树人"为根本任务，牢固树立科学正确的价值观念，做到与新时代和谐发展。因此，高校教育更要提高质量管理，在以下几个方面实现时代发展和社会进步的需求。

1. 教育要去行政化

这是解决目前高校教育质量提升的最有效的途径。通过去除教育的行政化，高校能够将重心放在教书育人上，强化质量意识，真正提升教育质量。目前，我国的教育行政风气严重，官僚主义也逐渐蔓延。因此，我们要向西方国家学习其教育体制的经验，在实践中不断探索和完善教育体系，在学校内部建立教育质量保障体制，不断完善管理结构。要做到教授掌握学术研究权力，将学术自由还给教授，加强教育质量管理。在实际的教学课堂上，教学进度要考虑学生的实际接受水平，管理也要体现出人性化的一面。

2. 要以"培养人"为最终目标

高校并非生产"就业机器"的工厂，不能只注重培养学生的应试能力，也要教会学生为人处世的道理。大学所培育出的人才应该具有独立的思想、解决问题的能力、直面困难的勇气等品质，这是教育质量的真正体现。

3. 师生参与相关政策制定

学校在制订相关政策和规则时，要充分听取师生的意见与建议，其中教师的意见尤为重要，是决策实施的重要保障，能够充分调动师生的积极性，为学生的成长和学习创造更加适宜的环境，也能够促进教师不断进取，提升自身综合能力。

4. 教师的综合能力在很大程度上决定了教育的质量

教师的言语和行为都会对学生造成潜移默化的影响,在教学过程中需要形成这样的良性循环,促进教师和学生的和谐发展。但也存在着一个现实问题,即高校内部许多人都渴望成为领导者,而忽视了课堂教学,无法真正提高教育质量,所实施的一系列政策和制度都无济于事。这也会在一定程度上导致人们形成"功利主义",为了追名逐利而开展无谓的竞争,无法从根本上解决教育质量下滑的问题。因此,高校必须充分考虑办学的终极目标,从源头上系统地解决问题,提升教育质量。

5. 核心任务是"培养人"

高校的核心任务是"培养人",所开展的一系列工作都需要紧紧围绕这个目标进行。高校教育质量管理的原则是要让学生通过教育实现个人的全面发展,成为社会需要的人才。

6. 实行"管办评分离"

"管"即政府对高校的宏观调控,"办"即学校的自主办学权利,"评"即社会相关组织的评估,政府在对高校教育质量管控的过程中应该扎实推进"管办评分离"的原则,引导高校结合自身的特点和学生的需求不断改进现有的办学措施,促进教育质量的提升。

7. 完善高校内部的质量保障机制

各大高校应该充分结合自身的办学理念和特点,成立相应的内部质量保障组织,聘请相关领域的专家学者开展质量监督和评估,科学地制定相关制度和规则。

四、网络教育质量管理

网络教育质量管理是指为了实现既定的质量标准所必须明确的网络教育各环节的流程、分工、职责和管理机制。从我国网络教育发展实践来看,越来越多的办学机构倾向于应用 ISO 9000 体系标准建立远程教育质量管理。

教育管理 ISO 认证,是通过权威认证机构按照 ISO 9000 系列标准的相关质量要素,对教育管理的各项工作进行规范和评价,确认其质量体系是否具有质量保证和质量控制能力,是否有充分依据值得社会和消费者信赖。这里的规范和评价,十分强调"所有工作都是通过过程来完成的",要求质量认证必须是经各国公认的第三方公证机构,依据规定标准和程序进行客观、公正的活动;要求学校必须根据自身的实际情况,把 ISO 9000 系列标准的相关质量要素有机而合理地体现于学校的各项工作过程之中,确定各个过程的合理接口和职责权限,建立一套完整化、文件化的质量管理体系和质量保证体系。一旦确立了质量方针、目标和质量标准,教育过程及质量评价的每个环节都必须严格按照各项质量要素和标准进行控制,把所有要做的事和所做的事全部记录下来,而且质量记录必须十分详细,并对所做的事情和记录负责。

无论是否使用 ISO 9000 的质量认证体系来实施网络教育的质量管理,要实现高水平的网络教育,将质量观、质量标准和质量目标落到实处,都必须有一套科学、高效的网络教育办学流程的操作规范,有明确的分工和职责说明,并制定严格执行的管理机制。

第二节　高校教育质量评估体系构建

一、高校教育质量评估的意义

(一)是国家教育行政部门转变职能的需要

教育质量评估是加强高校管理的有效手段之一。随着我国教育的不断发展,教育体系也不断完善,教育领导部门的职责也由原来的主导各大高校逐渐转变为对高校进行宏观调控和监督。通过对教学的评估和调控,能够让各高校更加明确自身的办学理念和未来的发展道路,让各项工作井然有序。同时,高校也要从评估中不断积累经验,改变原有教学的思维定式和不足之处,在确保自主权得到充分发挥的情况下,开办符合法律和社会要求的教学。

（二）是提高整体办学水平、保证教育质量的需要

随着社会的不断发展，我国高校教育也逐渐普及。各大高校纷纷扩招，在校人数逐年增加。但在人数激增的背后，高校的教育质量和人才培养都出现了一系列问题。要整体提高高校的办学水平和教育质量，必须要充分发挥出高校自身的优势和特长，规范教育管理，不断改善现有的教学环境和条件，解决存在的一系列问题。教育部也在不断鼓励各高校能够通过教育质量评估，找出自身存在的问题和不足，通过教学改革促进教学发展，找到一条能够协调发展的有效途径，开办规模、结构和教育质量都符合社会发展的满意教育。此外，开展正确的教育质量评估，增加高校对于教育特色化的重视程度，在处理各种问题时重视教育教学问题，以发展促改革，稳步提升学校教育水平，将学校的教育程序不断完善。

（三）是深化改革，促进教师成长，加强高校与社会联系的需要

要确保教育质量得到提升，必须进行教育体制改革。开展质量评估有利于高校通过评估发现问题，从而进一步审视自身存在的不足，并进行相应修正和调整。不断深入教学体系的改革，促进教学工作的开展，能够在一定程度上发展高校教育，这是不断深化教育改革的动力所在。此外，通过开展教育质量评估，高校也能够更深层次地认识自身的存在价值和意义，不断提高工作开展的积极性。因此，教育质量评估是一种宏观调控的有效手段。在教师发展方面，教育质量评估也可以激励教师不断提升自我，成长成才，为高校培养出一大批经验丰富、素质过硬的优秀教师。高校教育的结果必须满足社会企业和人民，以及学生对于技术发展的需要，才能为教育的发展提供源源不断的动力和源泉。教育质量评估也需要相关部门搜集信息并进行及时反馈，通过反馈进一步完善自身的教学管理体系，为社会发展培养优秀人才。因此，教学质量评估也能起到保持社会和高校密切联系的作用。随着中国的国际地位不断提升，与世界各国的联系也不断深入。我国高校教学不断发展，也会促进中国教育和其他国家的教育不断发展进步，推动世界教育整体向前发展进步。

二、高校教育质量评估的现状

（一）行政干预偏重

现阶段我国高校教育评价体系政府参与明显,这一现象在具体的评价过程中既有优点也有不足。如果政府能够利用自身权威性的身份,将各方力量对高校教育的期待与需求及时传递给教育评价机构,便能够有效推动评价标准的制定和评估工作的快速进行。但是我国经济形势的不断变化也影响着教育评价工作的进行,经济发展越来越要求有更多的专业技术型人才,因此企业将发展的目标指向了高校教育领域,所以要建立新的教育评价主体,这一主体要体现社会就业对于教育的需要而不只是体现政府力量作用于教育的影响。如果能够丰富教育评价过程中的主体参与,教育评价过程将更有针对性,学校也能更信任其评价结果,以此来改进学校专业领域的设置和课程结构,同时不同主体之间的协调能建立符合大多数人利益的评价标准。①

最初我国教育评价活动是由政府带头进行的,这一决定对于改进高校教育状态来说是正确的。但是,我国教育评价活动的开始时间落后于西方国家,来不及进行系统的知识理论研究就将评价体系应用于高校,在实践操作的过程中存在评价技术无法解决的问题,因此需要我国专业学者进行深入的研究和学习才能解决。目前我国处于政府领导下的教育评价状态,对于高校改进教育是有一定进步作用的。由于传统观念和现实需要,国家对高校教育的行政干预被普遍接受,高校高度服从国家管理。但质量评估缺乏科学可靠的理论指导,评估工作停留在表面,无法深入到教学内部,无法真正检测教学质量,会减少人们对于第三方教育评价机构评估结果的信任度。

由于政府教育部门直接主导高校的教育发展方向,因此对于高校教育进行质量评价离不开政府。如果政府能够减少参与教育评价过程,社会和群众力量就有机会对评估机构提出自己的建议和需求,使教育评价工作真正走向专业化发展。另外,如果能为高校寻找到新的教育资金投入者,高校就能走出政府的附属部门的范畴,有效减少高校模式化发展

---

① 秦桂芳.我国高等教育质量评估存在的问题、对策与思考[J].国家教育行政学院学报,2009,143(11):24-27.

的现象。同时,对教育评价过程应该建立相应的独立监督机构,不能让同一主体反复干预正常的教育评价工作,教育评价工作本身应该是客观的,不应成为某一部门的主观性的思想反映,应该加强社会力量参与到教育评估工作过程中,反映民众的意见和需求。

接着应该改变教育评价工作的主体,教育评价过程中的各个主体其地位应该是大致相同的,不能出现一方领导另一方的情况,虽然高校是被评价的一方,但是高校也应该有成员参与到教育评价小组成员中,可以及时跟进评价过程,了解高校的不足,不能只被动接受同一标准的评估,被动地接收政府自上而下的评估结果,院校的主体地位没有得到体现。为了迎合政府的标准来查漏补缺,在短时间内做好表面工作,评估工作结束后,一切恢复原貌,这违背了国家对高校教育评估的本质意愿,由此看出整齐划一的评估背后是对教育资源的巨大浪费,是高校教育释放活力和个性的瓶颈,对改进高校的教学质量和教学水平起不到真正作用,这客观上妨碍了高教评估工作的健康发展,降低了评估的科学民主性和客观公正性。高校教育的培养目标是为社会培养各种类型的专业人才,这就需要有多种力量来参与评估工作,单一的评估主体是不可取的。

我国目前对于高校教育的评价仍处于初期发展阶段,在不断变换政策的过程中难免存在一定问题,如果政府能将教育评价所用的高校专业统计数据和具体的评价计划、评价流程公布于众,会大大增加人们对教育评价结果的信服力,要改变目前教育评价工作的死循环模式,应该将评价机构对于高校的检测结果定期向社会公示,给予学生和社会一定的参考性。如果能够根据社会意见形成新的教育评价模式,会加强高校与社会和企业之间的交流,增加高校发展特色化专业的可能性。

(二)社会中介力量较弱

我国目前的经济体制是计划经济和市场经济共同控制市场秩序,这对教育评价活动的影响是教育评价机构从政府教育部门处获得运营资金,在教育评价机构本身有其他的评价主管部门,所以从实际来说教育评价机构有两个管理主体,在对评价机构实行具体政策时会存在一定的秩序混乱问题。所以,针对目前教育评估工作中的主要问题应该采取以下措施:减少政府部门的教育政策对于评价机构评估工作的干预,如果能够将评价权力真正放权于评估机构,评估机构运行体制会更加灵活,评价方案的制定也更能跟得上实际发展的需求,我国的教育评价体系能够更快地发展。因为目前政府教育评价权力过于集中,所以评价中介机构离开政府之后缺乏运营资金且发展受到一定限制。虽然现在对外已经承认了第三方评价机构的地位,但是在具体评估过程中对高校专业和课程的检测作用发挥得极少。

由于教育评价机构尝试建立属于政府教育部门,在人们心中都默认其管理机构是政府,因此在制定教育评价法律时极少对教育评价的中介机构进行规范。只是在几部寻求教育改革的文件中提到了建立评价机构的重要性,这些文件的中心思想是提高社会力量参与教育评价工作的占比,将高校教育工作与社会思想基础之间的关系拉得更近,将教育评价的权利交给中介机构,减轻政府部门的工作压力。我国目前进行教育评价改革的方向也是依据这几部文件的思想进行,同时还提倡鼓励私立教育评价机构发展,开展对高校专业教育的评价工作,提高社会民众和政府对于教育评价工作重要性的认识,将教育评价组织的领导人的社会地位提高,不再将其隶属于政府部门下,将教育评价工作真正独立出来,评价过程不受任何力量的干扰,同时结合我国新型教育特色和教育理念,建设带有中国特点的教育评价体系。

(三)评估标准单一化

我国针对高校教育评价体系的不同发展阶段会出台相应的评价方案和评价文件,现阶段的教育评价方案是对各种类型的高校进行统一的成绩性评价,不针对高校开展的个性化民族性的专业展开其他的评价,也不在乎所评价的高校教育基础处于同行业中的何种水平,这种方式在一段时间内保证了我国教育评价体系的平稳运行。但是也导致了一定的问题,高校的特色化专业得不到有效的评估,高校培养人才的方向只能根据评价机构得出评估结果,导致目前各高校所培养出的人才学习内容一致且发展方向一致,学生缺乏个性化的职业发展特性。目前,针对教育评价的标准应该进行改进,政府和社会相关机构如果不能将教育评价的标准立足于高校本身,那教育评价标准还是缺乏针对性,要在充分了解各高校历史文化底蕴和相关专业变动的基础上,将各高校进行基本分类,这一步骤是必须进行的,因为分类之后不同类型之间才会有参照比较,同一类型的可以采用相同的评价标准。在我国后来颁布的教育文件中有相关理念符合我们将要建立的教育评价标准的概念,里面提出要建立起适合的评价标准就要先从评价的目的考虑起,对高校教育进行评价本身就是为了帮助高校找到自身教育的不足之处,帮助社会和企业找到符合自身要求的技术和知识人员,共同促进国家经济利益的整体提升。

我国目前发展高校教育评价体系不能再将评价标准固定化,应该根据各个学校的特点发扬优势和地域文化,结合世界各国经过实践检验的先进教育理念,不断完善我国的评价体系和教育体系。如果我国政府不能够建立不同层次、不同类型的学校评价标准,那高校培养人才还是固定的模式化,不能体现人的个性特点,我国教育评价体系仍旧会停滞不前。

（四）评估经费分配不足

世界各国的第三方教育评价机构都是以政府的项目性投资为主要的资金来源,同时政府还要参与高校教育评价目标的制定,教育评价机构便会自然而然成为政府的下属部门。在这一过程中,第三方评价机构会出现由于政府资金没有及时注入其内部而产生的问题。如果政府对给予评价机构的资金合理使用,就能减轻评价机构之间对于评价项目的竞争,有利于将教育评价资源平均分配给各个评价机构。目前政府需要改变资金投放政策,不能因为大学等级高低不同就投放不同的资金,会给各个大学造成一定的发展负担,也不利于地区教育资源均衡分配。

从我国发展高校教育评价体系至今,存在以下特点:政府承担评价机构的所有支出,在让评价机构没有后顾之忧的同时也对评价行为产生干扰,使第三方评价机构的评价行为不能起到真正的作用。目前我国针对高校教育评价体系最应该做出的改变是:减少政府对于第三方评价机构的控制,对于评价机构,应该丰富其资金来源。因为目前给予第三方评价机构的资金都是由固定部门的官员进行下放,在这一过程中由于人是具有随意性的,并且人的思想可能会受到其他因素的干扰随时发生变化,使其不能坚持原本的正道思想,会导致将国家教育评价资金占为己有的现象。在官员内部建立合理的评价资金监督机制和立法规定,能够减少人员的不正当行为,保障评价机构的鉴定结果,对高校改进教育有促进作用。

如果政府对于我国教育评价机构投入的资金充足,那公益性的评价机构和商业性的评价机构就没有本质上的区别了,二者都是对高校教育和专业进行技术评估的组织,不会使教育评价活动由于资金不足而被迫在本质上产生变化。由于第三方教育评价机构评价过程中资金支出较多,所以如果没有政府部门的支持评价机构大多运行不动。我国对教育评价过程中的资金支出进行了改动,对于被评价一方大多数对象是高校,对其收取一定的服务费用来减轻评价机构的资金压力。如果将第三方评价机构的评估人员工资不由评价机构给予而转由政府为其开工资,能够大大减轻评价机构运行的负担,这样评价机构就只需要负责每次评价出行的费用和中间产生的成本,教育评价机构就不需要依附于任何资金方,成为真正独立于任何势力之外的检验评价机构。解决了第三方评价机构的资金问题,就会减少许多公益性的评价机构经营失败的现象,成为真正对高校、对社会有用的教育评价机构。

（五）评估结果存在主观性

如果不能对学校提供的评价材料的真实性做出有效的判断,下一步工作就无法进行,再加上教育评价机构的专业人员并不认真检查相关文献,那教育评价检查的文件内容可能并不符合高校专业本身,妨碍社会对于高校教育专业性的认识。如果政府能够将高校具体的教育信息公开给第三方评价机构,就能够有效减少评价过程中信息传递的麻烦,能够保证学校提供的评价材料的真实性,同时确保评估结果的有效性。在我国教育评价过程的进行中应该将各主体之间消息传递的时间缩短,同时应该禁止各方面专业人员的随意发挥,尽量将所有评价条款落实于书面,增加教育评价结果的可信度。但是,如果能将评价过程控制得松紧适度,评估人员既能在一定限度内发挥自己的主观意识,评价标准又有相关规范。

社会上普遍认为学校将第三方评价机构需要的学校内部的相关材料准备好后,评价机构的评估人员不能在规定的评价时间内阅读完学校提供的专业材料,这样对于学校专业的评价就是片面的,但是目前的高校教育评价现状就是如此。如果学校不提供详细的专业记录资料,就视为学校不配合教育评价工作,但是学校将多年的专业历史资料拿出来后,也为教育评价工作增加了一定难度。如果对高校专业的评价检查工作不能够更加高效地完成,是变相地给评价人员增加更多工作压力,也是增加评价过程中的难度。对高校进行某一方面的评价是有具体的时间限制的,所以不可能详细地去看学校提供的所有材料,评价机构只能根据学校提供资料的详细程度来评价学校是否具有专业性。但是,在这一过程中也产生了一个弊端,即高校有可能在教育评价的过程中提供虚假的信息材料,从而在评价结果中得到一个较高的满意度。

在我国评价机构评估学校的过程中发现了一些问题,评价机构针对学校的不同专业会聘用不同的评价人员,这些人员多是临时组成的评价小组,评价人员之间缺乏配合,评估过程会出现一定重复的现象,评估工作效率被降低。如果评价机构事先不与学校沟通评价标准,其评价结果可能不满足于学校对于其本身专业的要求,所以应该和学校预先进行沟通制定出评价标准。同时,一种教育评价标准不应该适用于所有被评价的学校,学校内部会有特色化的民族课程等特殊的地方,针对这些部分不应该采用模式化的规定标准,如果不能及时改正评价结果,则会出现不贴合真实情况的现象。

（六）高校教育评估法规体系不完备

目前,世界各国发展高校教育已经不能仅仅满足于对高校教育体制本身做出改动,逐步开始向将其评价过程以立法形式做出规定,通过法律的形式来增强人们评价过程中的约束力的方向发展。经过许多国家的实践评价检验,证明将第三方评价机构的评价过程规定于法律之中,能够明显增加评价人员对自身专业能力的提高。在这种状况下,我们发现我国关于规定评价过程、评价方式的立法存在明显的缺失。

一是关于教育评价过程性的法规条文较少。我国还没有形成将评价制度确立于法律之中的概念,如果我国还不能针对这一情况加强对教育评价制度的立法规定,会使第三方评价机构评估过程过于松散,人民对于评价机构的评估结果缺乏一定信任度。

二是目前现有的评价过程的法规具体语句指向不清楚,在实践过程中由于主体对法规的解释不同,导致无法达到同一评价标准。

三、高校教育质量评估体系的构建策略

（一）转变政府职能,加强宏观调控

我国对高校教育评价的工作也是非常重视。对于教育评价工作和高校教育发展如此重视还有另一个原因,就是高校教育发展的主管部门和教育评价标准制定的部门都是政府,一旦有政府参与的活动就必须严谨对待。让政府参与高校教育活动的各个方面,既有好处也存在不足,因为我国目前的经济政策是希望加大社会市场对于经济的自主调控力,这种经济发展理念也影响着我国教育发展的过程,提倡政府减少对于高校教育活动的干预。政府可以参与教育活动,但只是合作总体政策流程的把控者,不能深入教育评价过程的具体环节,政府如果想要有效地发挥自己的教育权力,制定真正对于高校有作用的教育政策和教育评价标准即可,增加社会其他力量对于高校教育活动的参与,提高民众对于教育结果的信任度。所以,针对目前各方主体都认识到了政府应该减少教育评价活动中参与性的问题,政府应该采取一些措施进行改进。能够采取的具体措施主要在以下几个方面:①

一是政府减少具体过程中的行为干预。政府管理的主要对象应该是运行规则,而不是监管教育评价机构和高校本身。政府应该进行的是做好大框架的运行规则的制定,具体的教育评价权力应该给予专业的部门,自己进行间接的监督即可。这样政府的工作精力就能放在更多重要的项目上面,不参与复杂的评价工作也能够避免评价过程中人员的一些不正当行为,提高公民对于政府权威性的信任。另外,如果政府部门担心自己将权力外放之后,会完全失去对高校教育的管理权,可以提前采取对教育评估流程进行法律规范的方式,也可以对教育评价的结果留有自己解释的权利。

二是为避免第三方评价机构产生不正当的评价行为,扩大对高校进行评价工作的主体。政府部门不仅要对我国高校教育领域进行管理,我们生活中的方方面面都有政府管理的痕迹,所以政府对高校教育进行评价这一行为是符合其权利规定的,政府肯定是众多高校教育评价主体中最重要的一方。随着我国经济形势中社会力量的影响越来越大,教育评价活动中如果没有社会力量的参与也会减少一定信服度。所以,社会力量和公益机构开始对教育领域追加资金投入,也希望能够享受通过高校教育带来一定的利益需要,因此想要保持政府是唯一的教育评价主体的现状是不可能的,只有越来越多的利益主体参与高校教育活动的过程中,高校教育的效果才能得到普遍提高。既然各方社会力量都已经对高校教育进行了一定的前期投入,在教育管理和教育评价的过程中各主体

① 董维佳,宋建军.高等职业教育教学质量管理概论[M].南京:南京大学出版社,2007:252-253.

都应该有一定的决策权力,高校教育所得的结果也应均衡地满足各利益主体的不同需要。所以,政府将教育评价的权力分配给其他机构,给予了社会和企业不断发展的自信心,同时对于自身和其他主体的权力可以给予立法保障,政府既能减轻工作压力又能使评价工作更有效率。

（二）加快高校教育评估法制化进程

如果不将高校教育评价的具体过程以法律条文的方式进行明确规定,机构之间的评价行为就会过于随意化,第三方评价机构的独立地位和权利也得不到合法保护。如果高校的评价标准仅由评估机构制定对于高校不公平,所以政府需要派遣专业学者帮助第三方评价机构制定评价标准,同时将评价标准用法律条文的形式固定下来,减少评价过程中主观性的想法发挥。第三方评价机构身上还有代替政府对高校教育过程进行监督的作用,如果不将这一权利在法律上给予规定,在执行过程中就会缺乏说服力和威信力。如果法律无法保障评价机构评价过程的公正、公开和透明,那么评价活动便会被其他不可预见的势力所影响,只有一切评估行为依靠法律规定进行,社会群众对于评价机构的评估结果才会更加信任。将评价过程法律化可以从以下几方面入手:一是用评价章程规定好评估人员每日的工作内容、工作检查标准、工作范围;二是将评估过程的具体流程以条文形式固定下来,评估人员在进行检测时可以明确照此执行;三是增加对评价过程中边界性行为的界定,减少评价过程中各方力量的摩擦。同时,不能只制定法律评价政策而不去照做执行,加强对评价法规执行过程中的监督,使评价的法律法规真正有效落实。

加快高校教育评估法律建设应从两方面入手。一方面是要从我国现实情况出发,执行我国现行的高校教育评估政策,提升我国基本法的法律位阶,使其充分发挥基本法的规范作用;同时遵循高校教育评估的客观规律,从大局着手,逐步增加质量评估单项政策的数量,不断调整和完善政策,扩大质量评估政策体系中基本政策的涵盖范围,实现高教评估政策和其他教育政策之间相互配合、相互补充、相互协调。另一方面是丰富教育评价过程中不同流程的法律规定。制定教育评价法规与制定教育评价标准一样,都需要先根据高校的教育专业和课程对高校进行一定的分类,在分类指标的基础上,根据教育层次的不同对高校评价工作进行不同的法律规定,同时要考虑到地方学校的特色化专业和民族课程,对此要进行一部分特殊规定。在制定相关教育评价法规时要考虑到,有从属关系的部门应该有更有针对性的法律去规定,同时不同部门之间应该协作共同完成教育评价过程。制定教育评价法规的部门也需要制定一些补充条例解释具体的法规政策,因为教育法规里面全部都是专业名词,社会民众和工作人员理解起来有一些困难。建立细则化的解释规章后能够减轻评价人员的工作任务,使教育评价工作更具严格性和信任感,也有利于我国教育评价工作取得阶段性的进步。

（三）不断改进高校教育评估方法和评估技术

加强对一个技术种类进行深入的研究,需要从以下两方面入手:

首先,是基础知识的学习,而后才是实践手段的练习,如果改进教育第三方评估技术不经过系统的理论知识的学习,技术就是架空的,评价方法在应用过程中会不符合高校的专业要求,评价结果不能反映高校教育的真实水平。

目前我国已经实施的高校教育评价的方法还存在以下几方面不足:一是评价一门专业学科仍然只依据此门学科的相关检验标准。评价一门学科时如果不能结合相关其他专业的质量标准,其评价结果是不全面不专业的,评价应该从多角度和不同主体的需求入手,这样才能检验出该专业的真正教育质量;二是第三方评价机构在招收人员进行评价时,没有严格的人员收录标准,有的新招入的专业检验人员根本不具备此专业的理论知识,已有的检验人员跟不上时代形势改变自己的理念,一直采用最原始的传统检验方案,这对于一些新兴的专业来说是不公平的;三是弄清楚教育过程中的几个利益主体,根据不同主体对于教育结果的需要建立教育评价的标准,因为高校教育本身就是要满足不同群体对于其结果的需要,如果评价标准没有实际意义,那么评估结果也不具备参考性;四是身处于大城市和县城地区的高校同一专业的检验标准也应该不同,因为二者之间本来就存在较大的基础性差距,所以在建立评价标准时,应该对学校所处地域进行一定调查。

其次,要针对具体的评价方向和内容进行规定的详细评价。我国在一开始进行教育评价工作时就提出评价针对的方向和对象要具体,不能对高校教育的一整块进行评价,评价工作不细致评价结果就不具备参考性。同时,我国在进行教育评价工作之前还会派专业的技术人员对高校的教育专业数据进行一定统计,以数据为基础制定相应的详细评价方案,在初期采取这样的方式取得了较为可信的评价结果。但是,在教育评价活动进行的过程中,评价人员逐渐发现影响教育过程的因素有很多,许多影响因素带有很大的主观特点,是不能通过数据分析进行控制的,因此针对初期的教育评价发展来说单纯某一方面的详细教育数据无法真正对评价工作有参考作用。所以,针对无法进行简单量化的教育影响因素采取衡量化的指标,如果这些影响因素是人的主观精神和能力,就可以具体对这一部分人进行分析研究,先确定人的影响能力的最大限度和最小范围,再来进行教育评价数据的统计,这种属于定量性的评估方式,将二者针对的不同方面协调起来能够对教育活动中的因素进行可信任的数据建模。

（四）积极培育独立的中介评估机构

世界各国都在针对本国的高校教育做出不同程度的改变,世界性的进步也为我国建立教育评价体系提供了积极的借鉴作用,要想检验高校教育改革方案是否针对上一次有所提升,就需要对高校教育质量进行评价。经过长期的评价活动实践,总结发现可以通过利用法律规定评价过程中各评估主体的行为和评价流程,建立第三方的监督机构来监督评价机构的行为,减轻政府部门对于教育评价过程的干预,能够使对高校的教育检验评价更加科学和专业。其中,主要进行评价工作的中介机构可以是政府组织建立的机构,也可以是社会力量组成的私立评价机构,目前还新兴起了一种由高校内部教师和专业学者组成的评价机构。但是,无论采取哪种性质的评价机构进行评估都需要确立其独立性地位,确保其运行过程中各项物资和资金储备充足。中介性的评价机构是处于政府和高校之间的部门,其地位的独立性也决定了它是连接二者的桥梁,向政府及时报告高校教育的不足之处,向高校传达政府最新的教育政策理念,通过自身的特殊性质建立起完备的教育质量评价体系。

不能只对教育评价过程的外部进行规定,在内部建设方面也应该进行优化。建立评价队伍时要聘用不同方面的具有专业性的学者和教授,对参与评估的人员受教育水平和职业操守进行严格的规定,因为评估的对象本身就是高校教育学校,如果评价人员不了解高校内部的基本运行规律和知识教育结构,也无法深入校园内部进行教育测评。针对这种状况,我国应该将行业准入制度延续到教育评价活动中,想要进入专业教育评价机构从业需要考取相应的资格证明,这样才能严格控制评价队伍的平均教育水平。如果不能及时执行这种资格证明制度,教育评价行业会加剧混乱情况,本来评估人员受教育层级并不高,但是因为其从事对高校教育的评价工作,社会上不知情人士就会抬高其身份地位盲目信从其说的话,所以应该建立严格的教育评价行业的准入制度,每隔一段时间对专业评价人员进行审查和培训。

(五)对不同层次的高校实行分类评估

由于目前国家能投入高校的资金数量有限,如果不对高校进行类别的划分,资金就不能有合理的使用方向,高校之间便采取不正当方式去争夺政府的款项,因此政府要做到对于学校内部情况非常了解,可以掌握每笔款项究竟适合于哪类学校。国家在进行改革的过程中意识到了高校分类的重要性,因此建立了专业队伍去各个高校内部考察,了解高校的教育历史,建立分类的标准,这样政府就能够保障资金使用是有效的,同时对高校进行评价的第三方机构也能够加深对高校的了解。目前,我国高校教育是由政府和社会共同参与,所开办的学校类型比较多,我国各地区政府对于区域内的学校还会采取不同的政策,所以,如果不及时对高校类型和扶持标准做出统一规定,高校和社会都会产生不满情绪。

对高校进行分类的具体规则要服从国家文件的相关要求和高校内部的具体情况,如果不能将适配的教育资源分配于适合的学校,学校就会因为资金不足不能提供企业所需要的技术人员,学生也得不到公平的受教育环境,学校之间原本的差距就会被越拉越大。对高校进行划分的好处还可以避免高校都向同一种类型发展,那样其他方面的专业就会出现断层,对于这一专业的教学很难再延续下去,在高校分类的前期调查中还可以增加对高校民族特色专业的挖掘,带动学校招生人数的增长等。在高校分类标准制定完毕后,对于理科类院校可以增加试验设备投入,对于文科类院校可以增加藏书投入,各有针对地发挥自己的长处使学校有更长远的发展前景。

根据学校办学的大小和直属部门层级的不同,对于高校进行划分时需要实地考察,了解不同高校是否有核心特色的教育课程,是否可列为民族特色学校,掌握高校是不是国家采取重点政策去培养的院校,是不是民间力量创办的小型院校等。如果不考虑学校的大小和教师的能力水平,只考虑学校服务的对象,可以将高校分为职业类和普通教育类,职业类是针对企业的就业缺口,培养具有专业技术的实践型学生,普通教育类是学生学习其他的实践性不强的专业。在这个过程中如果政府不能将教育资金均衡地分配于各个学校,只依据办学场地规模来投入资金则会影响高校内部的运行秩序,不能真正发展平等的教育,导致高校之间教育成果会相差较大。

还可以根据学校对某一学科的精深程度、入学学生的文化层次和学校专业设置的类型,将学校分为某学科研究型大学、中等还是高等类的学校、侧重于文科类还是理科类的院校。第一类学校主要是对于一个方面有比较多的学者聚集于此,学校这一学科本身就有历史研究记录,再通过学校的设备室和图书库对这一学科研究比较通透。第二类学校主要是根据学生年龄和文化层次对学生教授基本知识的同时,还要让学生学习技术操作。第三类学校是根据学校擅长的专业是偏向于哪方面,将处于同一大类中的专业聚集在一起,因为每一个专业想要学的精通都不是只学习一个门类就可以。对大学进行各种分类并不是要将高校排出贵贱等级,而是增加公众和政府对于大学内部的了解情况,可以根据分类的不同采取不同的评价和管理政策。

将各个高校根据不同的标准建立分类体系对于社会和教育评价机构开展工作来说都十分有利,各个高校之间教育基础、历史文化底蕴和发展方向本就不同,所以不能用相同的评价标准去衡量。对高校教育进行分类也能够促进国家政府对教育工作的有效管理,这样政府就能够根据对高校数据的统计,了解高校教育过程中的设备和资金需要,不会出现重复投入和缺设备却久久得不到解决的现象,能够增加高校对于政府的信赖度。同时,根据高校教育分类的不同制定个性化评价标准,使教育评价的结果更具针对性,让高校能够根据评价结果制定自身的教育改进目标和长期建设方案,再结合高校的地区特色,就能形成与其他高校不同的特殊专业,增加在整个行业的教育吸引力。而且,在原来的评价标准下高校之间会不断攀比,最终培养的人都走向了同一种发展方向,各高校在发展的过程中逐渐没有什么区别。对高校进行教育分类能够使高校认清自己的定位,跟自己比较,不断提高自身的教育特色。

高度发达的社会分工和高速发展的现代化需要不同类型的人才。对各个高校定位和任务不同,在共同性评估指标体系下,不同类型的学校评估指标所占的权重应当适当调整,满足现实标准的需要。同时,进行高校分类评估能够帮助社会各界及时了解我国高校的发展情况,吸引社会资金和民间资金对高校的资金注入,引导社会企业对不同社会分工的高校人才的重视和培养。

(六)将评估结果与财政拨款挂钩

如果不将第三方教育评价机构的评价结果与政府的教育投入资金相联系,高校在改进教育时就会缺乏动力。高校教育学校虽然有政府投入发展资金,但是政府的资金毕竟有限,而且一个地区内高校众多,政府每次拿出来的资金总数是一定的,所以高校如果想要额外发展一些教育项目引进教育设备也需要自己筹措一部分资金。目前,我国高校教育院校的经费来源主要有政府专项资金、社会慈善机构捐款和成功企业家的捐款等,在一定程度上丰富了高校资金来源的渠道。对高校内部课程和专业进行改革是一个不断前进的过程,同样也应该将对高校教育质量进行教育评价发展成一个长久的持续的教育行为。在之前政府没有介入高校教育活动的过程中,随着政府将资金投入高校,便开始了对高校教育过程和教育结果的干预,目前也要规划好政府投入资金的时间和数量,高校也要做好资金使用计划,将资金使用过程透明化。而且,在世界其他国家发展教育时都需要先对教育进行投入,投入的部门通常是与教育结果有很大影响的各方群体,他们希望通过为教育投入资金使教育的结果更符合其实际发展的需要。

我国高校更新学校内的教学设备、聘用教授级教师和学校内部行政管理的各项开销资金主要来自政府、教育慈善机构的捐款和企业的项目投入,在这几种资金来源中,政府对学校教育的教育投入是占大部分的,但是就国家每年对各种项目的投资总数来说,对学校的投入只是其中的一小部分,因为目前生产领域是能有效提高国家收入和人民生活水平的部分,所以国家的大部分资金会流入生产部门。在这种情况下,如果政府投入学校的资金不能得到有效的利用,高校不能很好地改进教学方式,便会使得教育不能满足社会对于专业人才的需要。所以,高校目前想要发展教育主要可以从两方面入手:一是为自身寻找新的教育改革经费的投入者,二是将有限的资金进行最大限度地使用。目前各国之中只有英国教育资金的使用最有效率,英国建立的资金使用制度具有很高的实用价值,其政府设立两个教育管理机构,针对学校教育类型的不同,投入不同的教育款项,其核心理念就是将涉及资金的项目根据一定标准分配到不同部门去管理,减少过程中的成本。

为了进一步提高拨款的使用效益,我国的高校教育评估事业应当按照"目标明确、分类考核、先易后难、稳步实施"的政策导向建立和公共财政相适应的科学的高校教育评估体系,引入以绩效评估为导向的公共资源配置方式。

第三节　高校教育质量监控体系构建

一、高校教育质量监控体系

(一)组织建设

根据我国目前的教育发展实际情况,可以将高校的教育质量监控体系分为三个层次:校级教学质量监控机构、学院(系)教学质量监控机构、教研室。校级教学质量的监控机构主要由校长、指导委员会和教务处三者构成,是整个教学质量监控体系中的"核心"。它对学校开展的教育工作做出整体的把控和监督,制订相应的教学质量监控方案和措施,对各教学单位的教育质量展开科学合理的评估,也能够为师生在教学过程中遇到的问题提供咨询和帮助。在这个组成结构中,教务处是教学质量监控活动的主要行为机构,对教学工作监控起到了重要作用。

学院(系)教学质量监控机构由专业指导委员会、系主任以及教学主任等人员组成,是整个教学监控过程中的主体。其在监控过程中主要是对各专业的教学计划和安排进行检查,教学环节是否合理、教学计划是否完善、教材是否符合课程内容,还包括对教学计划和教学大纲的审核。

教研室在监控环节中主要开展基础性工作,如检查各教学环节的过程和教学效果,搜集相关信息并给予及时反馈总结,开展各式各样的活动等。

(二)制度建设

高校教学质量监控制度建设主要由常规性教学制度建设、教学督导制度建设以及教学信息反馈制度建设三部分组成。

1. 常规教学制度建设

常规的教学制度包括与教学要求和教学方式等方面相关的制度,主要起到规范高校教学形式的作用。目前我国高校的常规教学制度主要集中在教师的管理和教学的管理两个方面,并未涉及过多的评价体系和各类工作人员的职责问题。一部分高校虽然制定了相关完善的常规性教学制度,但并未充分发挥各部门之间的协调作用。高校的各职能部门主要职责是管理,各教学单位的主要职责是教学。因此,各职能部门所提出的相关意见和建议必须结合各教学单位的实际情况,而各教学单位在教学过程中遇到的困难和问题也应该参考各职能部门的意见解决。

2. 教学督导制度建设

由于教学督导工作在我国各高校实施开展的时间并不长,在社会快速发展的背景下,更应该不断加大教学督导的力度,这是完善高校教育质量监控体系的重要途径。要保证教学督导取得成效,就必须制定科学合理的教学督导制度。为了促进高校的教学质量不断提升,各高校都根据各自实际情况构建出了相对完善、具有特色的教学监督制度体系和规则。这些规则主要是以校规的形式呈现,包括教学督导的理论指导、工作目标、工作原则、督导方式以及教学督导员的选聘、职责和考核制度等各方面内容。通过建立健全督导体系,不断规范教学工作的开展,保证教学工作的质量和成效。部分高校的教学督导人员主要由学校的离退休教师担任,这些老教师教学经验丰富、对工作尽职尽责,但其采用的督导形式主要以听课为主,在各方面迅速发展的形势下显得较为单一。作为听课对象的年轻教师也会压力倍增,失去自信和动力。因此,在教学督导团队成员的组建上,可以吸纳更多的角色如行政人员、后勤工作人员、学生等参与进来。

3. 教学信息反馈制度建设

教学信息反馈制度对于提升高校的教学质量也起到举足轻重的作用。各大高校也对当前的教学反馈制度提高了关注度并不断加强和完善其制度建设。通过开展座谈会、反馈信箱和面对面交流等形式,使得高校对被评教师的教学工作开展、教学质量、教学过程等方面

都有了相对全面的了解,并督促被评教师不断改进和提升,有效提

高了教学质量和成效。此外,各校也充分利用现代信息化技术手段对信息进行全方位、多角度的搜集,并给予及时反馈,如时下流行的网上问卷测评等形式。但无论是采取传统常规的方式还是网络形式搜集信息,都必须要保证信息的真实性、可靠性,并对这些信息进行分析整理,及时反馈,将教学过程中存在的问题切实解决,不断提高教学质量。

二、高校教育质量监控的现状

我国高校的教学质量监控体系还存在着一系列问题,主要有以下几个方面:

（一）监控理念落后

我国部分高校的教育质量受传统教育观念影响较大,没有因为高校教育的不断发展及时做出调整和完善,导致教学质量监控体系发展停滞不前,现象百出,主要表现在以下几个方面:

第一,各高校普遍对教学质量监控的重视程度不够,只求其有,不求其质。有些高校仅仅开展了常规性的教学评价工作,而且评价程序欠缺规范性,评价方式缺乏多样性。教学评价体系系统性不足,缺少专门的信息处理手段,评价信息和数据缺乏准确性,无法充分发挥教学质量监控体系的作用。

第二,教学质量监控并未真正履行"监控"任务,部分高校对教学质量监控体系的使用集中在"评价",而非"监控"。纵观各大高校的教学质量监控体系,主要集中在评价环节,并未正确起到监控作用。然而,监控真实有效,才能够对教学过程展开科学合理的评价。没有完善的监控制度体系,难以搜集准确、全面的信息,延长了信息处理的时间,教学评价的延续性受到破坏,无法实现常态化、制度化。

第三,许多高校在设置教学质量监控体系时,盲目照搬其他学校的监控体系,没有充分结合自身的办学理念和特点,无法促进教学质量监控体系的发展,进而也无法实现教学质量的提升。

（二）目标缺乏系统性

在分析部分高校教学质量监控的目标后发现,许多高校设置的监控目标缺乏一定的系统性,主要表现在以下四个方面:

第一,总目标与分目标之间没有相关性,关系尚未得到厘清,人力、财力及物力等物质资源没有得到合理的规划,无法统筹各个部门和教学单位开展教学质量监控工作。

第二,目标不具体。总体上看,各校的教学质量监控目标都存在形式化现象,监控工作浮于表面、流于形式,只是走过场,并未真正落到实处,获取到的信息无法保证其准确性,执行力不足。

第三,目标分散。部分高校采取的依旧是传统的教学质量监控体系,注重知识的输入和输出,忽视了教学过程的监控。

第四,目标缺乏系统性。由于没有系统的目标,高校的教学质量监控体系过分注重教学的监控,忽视了实践环节部分。

(三)监控标准被异化

我国部分高校实际绩效管理,强调课程的评价体系,通过对教师进行评价,充分发挥评价的鉴定功能,并对评价对象进行量化和排名。这种做法并不符合教学质量监控体系的指导原则,将教学质量监控看作高校实施管理的工具,无法实现教学质量监控的诊断功能、激励功能、改进功能和导向功能,在一定程度上异化了高校教学质量的监控标准。如此一来,教师的发展也受到了阻碍,无法充分发挥教师的明辨能力,不利于教学质量的提高。

(四)岗位职责标准模糊

为切实做好高校的教学质量监控工作,有关部门和人员必须按照责任义务严格落实相关工作,更好地开展相关监控活动,不断提高教师的积极性,提升教学质量。但实际情况是,高校制定的教学质量监控体系中的各人员岗位职责并未充分明确,没有遵循"全员、全过程、全方位"的基本原则。工作人员没有正确认识到自身的职责,只将教学监控活动局限于师生之间,无法促进教学质量监控的发展。教学质量监控工作本应贯穿于整个教学过程,但由于监控目标不明确,导致信息的搜集和反馈不及时,评教制度、评价制度等都不够完善,没有真正把教学质量监控活动落到实处,并且带有极强的主观性,难以将监控工作贯彻执行。

（五）学生参与程度较低

在我国高校的教学质量监控过程中，教师受到了足够的重视，但学生群体一直没有充分参与到监控过程中。有的高校认为，只要有了综合素质过硬的师资队伍，就能够有效提高教学质量。但教学质量的高低，其根本是用学生的全面发展作为衡量标准的。因此，教学质量的监控也应该充分考虑到学生在教学过程中的信息反馈作用。然而，许多高校都并未意识到这一点，无法实现高校的自查整改，走入了教学质量监控的误区。有部分院校虽然在教学质量监控的过程中融入了教师和学生，但在信息的反馈方面只集中在教师的教学设计和教学的完成程度方面，忽视了学生在教学监控过程中的自主性和积极性。事实上，高校教学质量的监控体系并未充分考虑到教师和学生在教学过程中所扮演的重要角色，没有充分调动师生的积极性。在进行相关制度的制定和活动开展时，没有详细规划，没有持续提升教学质量，无法提高教学质量监控的实效，进而无法提升高校教学质量。

（六）监控存在缺位和失衡

我国高校教学质量的监控体系的缺位和失衡现象较为明显。缺位主要是指制度和机构的缺位。制度缺位指高校在制定教学质量监控制度时，虽然结合了自身的实际情况，但在真正的实际过程中，相关部门和教学单位只停留在表面，应付检查之后便不再严格按照制度落实。在出现监控不力的现象时，也会受到各种人为因素的影响，没有采取"就事论事"而是"就人论事"的原则，将监控制度视为无物，无法保证制度的威严，规章制度沦为一纸空文，并未有效发挥制度的约束作用。另外，机构缺位主要是指各监控机构专业性不足，职能体系不健全、无法体现自身特色等实际问题。高校的各个监控职能部门没有清楚认识到各自的职责，没有充分发挥各自的作用。例如，各教学单位是教学基层单位，其教学过程的组织、教学计划和教学管理等方面在提升高校教学质量的过程中应发挥关键作用。建立学院（系）层面的教学质量监控和评价体系，能够对教学质量进行更加微观地监控和更加准确的评价。然而，实际情况是少有高校成立相关的教学质量监控和评价机构。

高校教学质量监控的"失衡"主要表现在以下几个方面：

首先，过于重视理论教学的监控，缺乏实践教学的有效监控；

其次，过于重视课堂教学的监控，缺乏对其他环节的监控，无法真正将教学检查落到实处；

再次，过于重视监控教师，缺乏对学生的严格监控；

最后，过分重视教学的水平和实际教学效果的监控，缺乏教学的综合素质和能力的监控。

（七）信息运行机制不完善

在开展教学质量监控相关活动的过程中，由于受到信息不对称的影响，搜集到的信息无法保证真实性，没有给予及时的反馈，造成了"监不能控""监而不控"现象频出。此外，教学质量监控搜集到的信息覆盖面小，信息过于片面，不具有代表性，没有对相关信息反馈引起足够重视。由于不完善的信息运行机制，造成了元监控（对教学质量监控的监控）不足。高校无法根据这些部分信息做出合理的判断和及时调整，是否符合自身的发展情况、是不是合理的监控流程、是否能够取得满意的监控效果等一系列问题都会严重阻碍教学质量监控体系的正常运作。

（八）监控缺乏长效机制

高校教学质量监控长效机制的缺乏主要分为职责分工不明和效果反馈滞后两个方面。在职责分工上，高校的教学质量监控相关部门没有认清教学质量监控的各种职责，没有摆正作为监控人员的位置。相关工作人员日常工作烦琐，没有过多时间开展教学质量监控工作和相关研究。许多管理人员还保留着传统的教学观念，认为教学质量的高低是由教师决定的，作为管理人员只是辅助教师开展教学活动。这种旧有的观念也让相关管理人员在开展教学质量监控活动时过于懈怠。管理人员在教学质量监控过程中的职责履行会受到其知识水平、教学观念和综合素质的综合影响。此外，学校与各基层教学单位的关系也没有得到充分的厘清，没有呈现出各教学单位的独立性和自主性。许多高校在开展教学质量监控活动时，既采取了宏观手段，又从微观层面对各单位的教学过程加以干涉，无法充分发挥各基层单位的自主性和积极性，严重阻碍了各单位教学质量监控活动的开展，也无法促进教学质量的提升。

高校教学质量监控效果反馈的滞后主要表现在存在的问题上，没有对出现的问题进行及时反馈、验证和解决,导致旧有的问题频繁发生。高校的教学质量体系在监控教学时只停留在发现问题环节,没有对问题产生的原因进行深入探讨,更没有探索解决问题的有效途径;不但没有及时反馈问题,使问题延续周期较长,而且缺乏对问题的跟踪验证,甚至将问题束之高阁。此外,高校对教学质量监控中存在的问题也没有采取科学合适的解决方法,没有将问题具体落实到单位和个人,难以追究相关责任,由此导致教学质量监控的效果不明显,随着高校日常事务的开展,对教学质量监控活动的重视程度也在逐渐降低。

(九)监控的反馈落实不够

教学质量监控是为保证教学质量而开展的,能够更直观、全面地发现教学过程中存在的问题和困难。但部分高校的教学质量监控中的诸多反馈信息却流于形式。首先,对学生进行评价时,多数采取分数或者等级的形式,学生提出的一系列整改意见和建议都未真正出现在监控职能部门层级。其次,在进行搜集教学质量监控相关信息时,没有对信息进行分门别类,便将其直接传递给师生。因此,师生在接收到相关信息后,也无法科学地筛选出有用信息,甚至还会产生消极的影响,如教师可能会认为评价分数低的学生不认可自己。与此同时,笼统的反馈信息使教师难以找出教学的薄弱环节,也就无法采取针对性较强的改进策略。

三、高校教育质量监控体系的构建策略

高校教学质量监控体系的优化过程是一项全方位、多层次的系统性工程。要推进高校教学质量监控体系的不断发展,只有与时俱进,牢固树立起发展进步的创新意识,形成"全员参与、全程覆盖、全方位育人"的教育模式,由浅入深,循序渐进。

(一)把握教学质量监控核心理念

首先,把握好教学质量监控的核心理念,关键是要树立牢固的质量意识。构建高校教学质量监控体系的终极目标是要不断提升人才培养的质量,体系中的各个环节和方面都要根据这个目标展开。在运行高校教学质量监控体系时,要对体系中出现的问题和现象不断反思,积累经验和教育,及时发现问题并做出正确调整。此外,构建高校教学质量体系也要将人才培养的质量和效益有机结合起来,以学生、家长和企业的就业满意度作为参考,检验教学质量监控体系是否真实可靠。

其次,要明确教学质量监控的目标和标准。在开展高校教学质量监控活动时,相关部门的管理人员都要对各自的职责有准确的定位和明确的目标。高校可以按照现有的教育相关制度和理念,结合自身的特点有针对性地制定出教学质量监控的总目标和各个分目标,并将各个目标落实到各个职能部门。高校要进一步把各部门的工作职责和制度规划清楚,以免引起不必要的资源浪费。此外,高校在开展教学质量监控活动时,必须要有清晰的标准,包括动态标准和静态标准。动态标准主要体现在活动开展的过程中,静态标准主要体现在活动的结果上。比如,在对学生进行监控时,目标体系既要涵盖学生对教学的满意度,也要将教学育人的成效包括在内。标准除了要有稳定性之外,也要对其及时调整和完善。在完成一个监控周期后,要根据监控结果所体现出的问题及时地对监控标准做出调整。

最后,要制定规则和不断创新。规则主要是指高校在教学质量监控体系的构建过程当中,要按照一定的规则对各项工作的流程和要求提出明确要求。要不断推进教学质量监控活动的开展,在全体教职工人员和学生群体当中牢固树立起规则意识,要求其以规则作为行动引领,所开展的一系列相关工作都要以此规则为前进标准。创新是指高校要不断对自身的教学质量监控体系进行创新性的改进,在结合自身特点和借鉴其他高校的有效经验的基础上,不断完善自身的监控体系,在校内成立专门的教学质量监督组织。因此,高校在构建监控体系时,不能盲目照搬其他高校,要充分结合自身的办理理念和实际特点,以问题为导向,在遵守相关规则和发展规律的情况下,对监控体系不断地进行创新和完善。

(二)提升教学质量管理的信息化水平

目前,现代信息技术蓬勃发展,给各行各业都带来了实质性的影响。教学质量监控也要充分与现代信息技术有机结合起来,通过相关技术手段对信息进行科学的搜集和分析,不断提高监控成效。因此,高校在进行教学质量监控时,也要不断提高教学设施的信息化水平,结合学校特点努力构建人才培养的数据采集和管理平台。数据采集与管理平台是体现高校人才培养实效的重要标准,能够将高校的办学情况和人才培养效果直观、全面地展示在大众眼前,学校能够更全面地掌握每名学生的就业情况,为高校监控教学效果提供了坚实的基础。

促进高校的人才培养数据采集与管理平台的建设,充分体现人才培养数据信息对教学质量监控的积极促进作用,主要可以从以下方面进行:

其一,高校要不断对人才培养信息系统进行调整和完善,及时更新相关数据,确保数据的准确性和时效性,教学主管部门系统的相关数据和校内平台的人才数据需要保持一致。因此,要努力组建一支高水平的信息人才队伍,为学校开发出人才培养数据系统,同时要结合自身的实际情况,不断完善系统功能,及时整理、补充、完善相关数据,构建起科学合理的质量预警体系,将影响人才质量的不利因素减到最低。

其二,高校要不断优化和完善信息的搜集方式,制定科学有效的信息搜集制度,努力从数据源头采集第一手数据。构建人才数据库,从原有的走过场的数据采集形式逐渐转变为主动采集并持续完善,从容应对数据的缺陷和不足。

此外,要结合实际情况制定出科学有效的数据处理制度,对搜集到的数据进行科学正确的分析和整理并不断改进,对各教学单位的人才培养效果做出科学客观的评价,形成"实时、动态、共享"的数据评价体系,不断促进教学质量监控体系的发展,切实提高教学质量。

(三)培育现代高校质量文化

在实际的教学实践中形成,学校所有成员普遍认同,科学稳定的群体意识、目标、标准和评价体系所形成的集合,称为高校教育质量文化。高校教育质量文化的发展已经逐渐成为高校教学质量监控体系的一个重要方向。高校教育的质量文化呈现出"金字塔"结构,从上到下主要是:精神文化、制度文化、行为文化和物质文化。因此,要培养出高质量的高校教育文化需要重点从以下四个方面着手:

首先,构建物质文化。高校的物质文化层面涵盖范围广,具有职业指向,主要分为校园设施文化和校园环境文化,体现出学校的办学理念和综合水平。校园的设施文化主要指学校的各类建筑、楼宇、装饰等,环境文化是指学校的生态环境、资源以及合格发展等方面文化。校园的设施文化和环境文化都对高校的教学质量监控和人才培养起着积极的影响作用。

其次,打造行为文化。高校的行为文化主要指各类活动,包括教学活动、课外活动、社会活动等形式。行为文化体现着学校的文化氛围和人文风貌。

再次,凝练制度文化。制度文化能够约束高校的管理,使其不断趋于标准和规范。高校的制度主要包括各类组织运行机制和管理体系,是文化建设的重要组成部分。

最后,弘扬精神文化。精神文化作为文化建设的核心,具有一定的隐现性,主要是指各种形态观念和心理建设。对于高校来说,精神文化的具体化形成了校风,精神文化的核心则是校训。因此,要不断传承和发扬学校的精神文化,明确学校文化建设的根本目标,找准关键,通过文化熏陶不断将人才培养的目标落到实处。

第四节　高校教育质量保障体系构建

一、高校教育质量保障体系

我国新颁布的教育法律对高校教育发展到何种程度提出了具体要求,结合我国经济发展现状,需要进一步采取过渡性举措,有计划、有目的、有层次地实施。[①]对高等教育质量保障治理体系进行改良、建设,不仅对教育质量做出理论性的规定,还针对操作实践确立了新的长远性发展目标。

(1)在管理体制方面进行改革,对政府进行权力简化,放权于高校和社会群体对高等教育质量进行评估,政府可以对整个教育质量评估做总体把握。

(2)政府在统筹评估工作方面,要聘请专家团队对各种类型的评估机构的评估过程进行监督和专业咨询,建立行业评估准则,健全高等教育质量评估体系。

---

① 孔英.高等教育质量保障体系的理论研究与实践[M].沈阳:辽宁教育出版社,2017:36.

（3）在评估机构的内部组织方面，要以政府的政策方针为主，建立专业的教育质量监督服务部门，让各方力量一起促进高校的教育质量走向更高水平。

目前，我国采取多种方式对高等教育工作进行整改，提高高等教育质量保障体系是教育行政部门的重要工作。事实上，只有解决各自为政和政府过于集权的现象才能使社会型评估机构发挥效用，完成高等教育质量评估体系的建立。政府想要改善教育质量评估体系的解决方案就需要上行下效，社会评估机构从旁监督，即加强国家教育的监督和指导，成立中央咨询组织，加强决策指导和统筹协调；教育部对质量保障与监测评估实行"归口管理、统筹实施"；坚持分层评估、多个社会组织、社会结构共同进行评估，整合国家教育质量监测评估的资源；中央教育部门负责传递解析国家教育理念，地方性政府的工作任务主要是制定评估原则，积极推动有资格有价值的评价组织机构参与到高校质量保障体系评估项目中，创建管、办、评分离以及公共治理。

二、高校教育质量监控的现状

从世界各国改进高校教育质量保障的经验中，我们可以发现质量保障的主体永远不可能是一个部门或机构，保障的组织也是多类型的，主要有以下几种：行政性主管部门、专业性评估机构以及社会性相关组织。将组织结构进行分类能够有效地明确各个组织部门的责任和义务，有效监测教评双方在教学活动过程中的行为。因为涉及教学活动中的各个主体其本身的社会义务不一，各个主体的特征和功能作用也不相同，所以要明确各个主体的地位和责任才能推动高校教育质量保障体系得到完善；相反，主体内部的角色和责任出现混乱时，高校教育体系就无法运行，各个组织部门不能配合完成相应任务。

（一）行政性主管部门的问题

结合世界高校教育质量评估体系的发展历史，可以发现政府始终处于评估体系的核心地位。无论其他教育评估机构的评估方法如何，评估标准始终是以政府制定的标准为主，政府权威性地位依然存在。这种评估模式影响政府机构部门的变革，也阻碍专业的教育质量评估机构的发展和社会力量参与高校教育发展，使高校缺乏自主管理权，具体来看涉

及如下几点:

一是政府身上所系权力过多,不仅管理高等院校的发展情况,还要对高校教育质量做出评估检测,使其他主体对于高校教育管理的权力下降。自从人们开始重视教育,教育行业开始快速发展,顺应计划经济的影响,政府不仅主管经济,还主管高校教育发展,政府成为真正意义上的高校领导者和质量评价者,这种高校教育管理模式阻碍中国教育质量保障体系的改革。加之,政府部门的权力过于集中,行政控制力较强,学校很难真正做到自主办学,学校的权力被弱化,政府权力过大会导致教育体制无法进行改革和创新,阻碍了高校与社会的联系和互动,降低了社会专业人士参与教育改革的热情,使高校无法全面认识到自身教育模式的问题。这种以政府为主体的评估体系是单一化的,阻碍了市场和社会进入高校活动当中,阻碍了高校与社会各界各企业间建立联系与合作,阻碍了高校内部质量保障体系的建立和完善,不利于社会对高校进行监督,削弱了社会和企业帮助高校进行建设和交流的积极性。这种政府集权的管理体系既阻碍了高校自身的发展和进步,也阻碍了高校与社会各界的联系和交流,不利于构建政府、高校和社会的新型关系。所以政府要积极推行简政放权政策,不断强化高校的自主办学权力,让高校对于自身教育情况有一定的发言权,可以不通过其他外设的评估机构就能了解高校自身教育活动中存在的问题。

二是政府下属各个部门各司其职,各个机构相互独立,而教育质量评估类型众多,每个部门采取不同标准评价高校教育发展情况使学校难以应对。在《中华人民共和国高校教育法》中,明确教育质量评估的法律依据,规定唯一的教育质量评估主体是政府,这部法律的出现解决了一部分政府评估机构职能重合的问题。随着我国教育教学理念不断更新,各个学科向更深领域拓展,专业设置更加细化,为了大幅度提升高校教育质量的发展,教育部和各级院校设置教学委员会和教学质量检测委员会等,对学科的专业性和教育教学风气进行评估,促进了高校教育事业的前进。但由于评估机构设置过多,会出现一定的评估乱的问题。目前对高校教育主要进行以下几方面评估:学科专业性、实验室建设条件、校风学风、学校校园环境等,这些评估种类过多且有重复的评估。所谓的"乱",就是评估的规则和标准没有得到统一,各部门的协调工作不到位。各个教育行政部门都有权力进行评估,但是由于各个部门组织的评估标准不同,评估的结果也会存在冲突,也就会出现基层工作得不到良好的处理。而且一些评估标准和规则都是由行政部门组织专家进行研究来制定的,这些评估标准都带有一定的个人情感和偏好,不一定具备专业的教育培养要求,阻碍高校教育走向高质量发展。评估的"随意"是评估主体对评估对象进行检测时没有经历完整的评估流程,没有科学理论作为依托,评估带有个人主观意志,这种评估方式阻碍了政府评估机构的基层分级管理和高校的自主教育权利。

三是在法律上政府仍是教育质量评价的唯一主体,由政府组织建立教育评估部门不利于政府改变职能发展方向。政府过度的集权导致评估权力被垄断,评估带有一定的行政管制色彩,评估专业机构和社会其他部门组织在评估中的地位较低、作用较小。而且,政府对评估过程和结果有直接管控的权力,政府对评估的管控直接体现了自身的意志,并且会通过评估标准、规则对高校进行一定的管控和制约。政府的评估涉及很多方面,如课程设置是否符合各专业发展要求、学校申办建立的程序是否合法、毕业生是否全部符合就业岗位需要等。这些在评估考核时都会影响评估结果,这些标准过于刚性,就使对高校教育质量的评估出现不科学、不合理的问题。所以,评估机构也是帮助政府管理高校的部门,目前我国以政府为主导的评估方式在相当长的一段时间内不能改变,这就会导致一些高校为了达到标准而忽视自身特点和优势,增加了办学压力,事务性工作过多,而且政府在宏观管控上的管理范围加大了,管理不到位,而微观管理过于繁杂。政府一般只和机构规模较大的评估单位合作,小型的评估机构即使政府将任务派发给这些机构,但其自身能力不足,也很难独立开展评估活动。这就是由于自身能力的不足,阻碍了专业评估机构的发展,自身的评估地位和评估能力无法得到提高。

（二）专业性评估机构的问题

尽管我国高校教育评估机构在当前有了良好的发展和进步,但是在总体上这与我国建立健全高校教育质量保障评估体系的目标存在着很大的差距。吴启迪认为,评估专业机构存在的问题主要有如下几点:

第一,独立性不强。专业性评估的隶属关系、项目委托以及经费来源等问题都会影响到专业评估的标准。现阶段行政部门对评估机构的影响很大,自身缺少独立性。

第二,专业性不强。评估机构自身的管理不足,专业人员较少,专业知识、专业素质较低,评估队伍力量较弱,评估理论、评估技术不完善,对于评估方案、评估标准、评估方法等都会产生影响,而且一些评估机构在评估活动中担任着管理者或服务者,这也是政府部门不能将评估工作完全交给评估机构的原因。

第三,职能发挥不足。在一些评估机构活动中,仍然依据着专家的标准,缺乏自身的专业标准和专业手段,很难制定出一套完整的、科学的评估报告。综上所述,评估机构很难发挥自身的作用,在专业性和不可替代性上存在着一定的问题。

(三)社会性其他组织的问题

在国家规定的评估体系中,政府始终处于中心地位,政府建立的评估机构在质量保障体系中发挥主要作用。随着政策改革高校和市场力量加入评估体系,几方力量一起对高校教育质量保障进行系统评估。但在实际的质量评估过程中,社会性的评估机构还存在以下问题。

1. 社会组织的参与度严重不足

随着国家政策对政府的要求逐渐变化,政府开始放权于下层组织部门,使社会力量与政府融合共同建立评估机构。高校在自主权力扩大之后,教育发展方向需要结合市场社会的实际需求,提高高校办学质量和行业自律管理能力。社会要对高校提出自主办学的要求和质量标准,高校自主办学也要符合社会经济发展的需求,紧随社会发展进步的脚步,加强高校和社会各界的教育互动和教育合作,借鉴国外教育机构的卓越成果。在社会经济持续增长的形势下,我国对社会上的评估组织机构的重视度以及认同度不高,尽管成立了专业的评估机构,但在学术型、行业型、科学型上等知识和能力上存在欠缺,能够做到这些要求的评估机构较少。但事实上,政府组织的评估机构项目中,缺乏社会各个领域和行业的专业评估人才参与到评估项目中。

2. 专业评估和认证处于分散状态

在政府开始将评估权力下放给高校自身和社会时,出现了各种类型的评估机构,这些评估机构没有统一的办事条例,其评估标准不具备专业性,评估结果还存在一定问题。近几年政府针对这种现象,重新制定专业的评估标准和认证文件,并派遣相关专业学术团队加入各个评估机构开始评估试点,最先采取这种政策的专业是理科机械化技术专业方面,政府新颁布的这些举措将这几个试点专业重新纳入发展正轨。

3.民间各类大学排行混乱无序

在我国当前教育行列中,人们衡量学校教育质量好坏的重要条件就是每年高校的排名,高校每年为提升自己的教育质量和排名次序,会邀请社会力量加入教育质量评估和教学过程,在各个方面的大学排名中,比较有公信力的是中国校友网和网大等,对高校进行排名是可以激励高校办学热情的。随着现代社会经济发展趋势迅猛,社会和市场对人才的需求逐渐多样化,每年不断更新质量评估标准有利于保障高校教育发展质量,保障高校每年培育的高质量人才数量,为社会提供有价值、有质量的信息和服务,促进各大高校间合理竞争,不断提升自身的教育水平和教学质量。但实际上,大学的排名存在着一些弊端,公平性、公正性还需要加强。一些排行榜的数据来源并不正规,数据来源不可靠,统计的内容方法并不完善,信息的准确性不高,信息的时效性不强。有的还存在着一些暗箱操作和一些名利交易等行为,这些行为的目的都是为了提升自己高校的排名,但是这种行为是错误的,很容易引起大众的反感。社会各界对待这种排名的态度褒贬各异,大学排名逐渐走进大众视野,成为热点话题。

三、高校教育质量监控体系的构建策略

(一)政府从评估垄断者向规则制定者转变

根据新的教育质量评估体系发展情况来看,政府在评估过程中的社会角色发生了转变,原来由政府统一进行教育质量评估的方式已经不能适应如今社会对高校教育质量的要求,政府由唯一的教育质量评估机构变成了教育质量评估标准的制定者,将评估权力转移给专业的教育质量评估机构,政府选择性行使评估权,这样有利于让高校教育质量评估进入专业化行列。

从各国行政管理体制改革来看,高校教育质量保障的高度集权在于国家政府在市场调节中的作用,教育评估机构要听从政府部门领导在多方面对教育行为进行的规定。政府教育部门根据市场就业情况指导高校培养人才的方向,做好教育结果的监测工作,在一定程度上给予高校

办学授课的自主权。强化政府在评估中的作用,实行高校教育质量保障高度分权,能够利用行政权力对高校教育结果进行评估,政府部门还可以通过法律手段对教育活动中不合法的行为及时制止,保障学生教育权,这是其中的一点。第二点是政府不再以自身为高校教育利益和需求的唯一合理代表,加快政府职能转变和加强质量管理的有效策略的依据是高校教育质量保障。各国政府职能转变的实质是政府集中精力和智慧,能够做好自身的工作,保障权利和义务充分地发挥。因此,政府做到简政放权,将高校教育行政部门的权力转移给高校教育评估中介组织,鼓励高校教育评估中介组织改革和发展。一方面,政府要制定相关的政策和法律法规,明确评估的规则和标准;另一方面,政府要加强对高校教育评估中介组织的引导和规范。

我国教育管理体制的特点和传统决定着高校教育质量管理的主体一直是政府,政府拥有绝对的权力,在政府集中管理高校教育的情况下,政府的评估结果在社会上具有较高的公信力,政府在教育活动中具有重要的作用,能够在教育资源配置中起到良好的效果。随着高校教育体制改革,政府将更多的教育监督权力交给中介评估机构,自己做好统筹安排,做总体规划者。同时,加强对高校教育质量的监管和服务,让政府从"管理型"向"服务型"的方向发展,从"划桨者"转变为"掌舵者"。围绕教育部部长陈宝生提出的"把责任落下去,把标准建起来",政府要集中精力解决高校教育中的问题,解决政策性工作的问题,制定良好的法律法规,将具有执行性、操作性以及技术性的工作当作监督型职能托付给中介组织。政府的职能是维护和创设良好的制度环境,而不是亲自去从事一项具体的活动,世界各国的市场经济实践告诉我们,在市场经济的体制环境下,政府的基本原则是,凡是民间能办的事情就让民间去办,凡是市场能办的事情就让市场去办,凡是基层能办的事情就让基层去办。

按照我国的发展规律和国情,中介性组织的建立和完善工作要保证政府的指导和扶持,在政府的推动和引导下,中介性评估认证机构才能够存活下去。这些机构的主要经济来源就是政府购买以及财政扶持还有一些培训政策的支持,只有在资金上能够有所支持,才能保障中介性评估认证机构能够发展下去。政府积极地将高校教育质量保障中的"错位"与"越位"的职能转移给中介性评估认证机构,通过合同、委托等方式与中介性评估认证机构进行合作和交流,对高校教育进行公共治理,共同对评估结果产生影响。根据实际情况来说,政府应该更多地将目光放在分配教育资源、制定各阶段教育政策和教育结果审查上,明确这种现象会引起的政策导向。政府能够制定符合高校实际教育情况的法律文件,稳定评估过程中各行为主体的评估活动,并且能够依据法规对教育评估机构的评估行为进行检查,增加民众对评估机构的信任度,提高评估机构的专业性。政府也可以完善评估机构的准入条例,对符合评估要求的机构颁发从业许可,减少不正规机构乱评估的现象,能够明确评估工作的范围、责任以及权限等,规范评估行为,平衡好各个评估主体的关系,让政府、高校、社会形成权力制约以及平衡,在功能上充分发挥互补的作用,保证评估结果的客观性以及公正性。

（二）中介（第三方）评估机构保持独立并提供专业服务

　　根据国家最新教育政策要简化政府的教育职权,根据社会的需求组织出一些专业性教育评估机构,这种评估机构能够应用于各种教育评估活动中。现阶段我国的教育中介多数是半官方性的,我国教育中介机构自身带有官方色彩,但事实上评估并不能够满足我们的需求,在社会上的地位不明确。评估的机构不能梳理好政府、学校与社会的关系,自身的主体存在混乱。现阶段,教育评估市场还不能满足社会发展的需要,第三方评估机构运行体制还不健全,评估机构的从业人员还缺乏专业理论知识的培训,社会上对于评估机构的认可度也不高,所以高校面对评估业务还会去请教政府教育部。这种情况下,在评估权力上政府占据着主导地位,由于政府虽将监督权力交给评估机构,但目前教育形式发展还跟不上国家政策,相关法律法规制定得还不完善,政府在一段时间内的行为是"委托或代理"而不是"行政授权"。所以,中介性评估机构在委托和代理中很难独立生存下去,不能以自己的名义或独立的法人地位扩大自身职权,而且不能以独立的名义对法律人格作为担保,进而对评估机构的地位和职能产生影响。

　　目前,想要建立好我国高校教育质量评估体系需要明白政府与中介评估机构的关系,政府制定教育质量评估的总体规范,中介机构依据标准进行各专业的教育质量评估,将评估结果反馈给高校和政府机构,明确政府领导、中介执行,形成完整的教育评估过程。中介性评估机构是一种社会组织机构,与其他法人组织一样,都需要政府对其进行宏观调控和指导。政府在将评估权力交给第三方评估机构时,也赋予了它一定的行政权力,高校会根据评估结果整改自身教育活动,此时,中介评估机构是代替政府行使对高校教育的监督权力。在具体的评估过程中中介机构的评估行为也在政府的监控下,评估机构只需要完成政府部门交代的教育评估目标,向上传达高校教育质量评估结果,向下监督高校教育质量,成为高校和政府机构之间好的协调者。在国外关于教育质量评估机构的管理中,给予中介评估机构较大的自主权,它能够对政府产生协调工作,对政府进行制约。这与我国的中介性教育评估机构相反,我国的高校教育评估中介机构的成立需要依靠政府的领导,政府在中介性评估机构中处于主导地位,中介教育评估机构属于政府的下属部门,听从政府部门指挥领导。中介评估机构对待学校和政府的态度和职能并不相同,对于高校主要是进行教育质量的监督,而对于政府主要是服务于政府的需要,并不监督政府部门的行为。

中介性评估机构是一个独立的主体,虽然自身的资金和经济基础较差,但是机构内部的能力较强,技术性、专业性较强,在教育行业中得到专业人士的普遍认可同时又具有政府权威,中介性教育评估机构是除了高校和政府外的又一个权威性的机构,独立于政府部门和高校以外,评估过程不受各个部门干扰,这种中介性的教育评估机构针对高校办学的各个专业,每个专业采取不同的质量评估方案,运用专业化的手段和公正的评估态度对高校进行理论性和实践性等各方面检验,形成在整个教育质量评估行业的权威性,社会、高校和政府对于专业的中介教育评估机构非常信任。除了中介评估机构的检测手段专业,还有其评估过程全公开、全透明的评估方式吸引政府将教育质量评估任务交给它们,中介评估机构在评估过程中会将每一环节的评估标准与评估结果一同公布于信息交流平台,也欢迎社会各方面对其评估过程进行监督,这种公开化的评估也能促进中介机构本身完善评估方式、评估过程。而且,中介性教育评估机构要不断提高自身的专业水平、专业能力,全面提高从业人员的整体素质和能力。

参考文献

[1] 柏定国,黄小芳.福建省高等职业教育民办及成人高等教育质量监测报告 [M].厦门:厦门大学出版社,2018.

[2] 鲍玮.高职教育实践教学体系的建设探索 [M].天津:天津科学技术出版社,2017.

[3] 陈德清,涂华锦,邱远.高校校企合作体制机制改革与实践 [M].北京:北京理工大学出版社,2016.

[4] 陈俊兰.职业教育现代学徒制研究 [M].长沙:湖南大学出版社,2014.

[5] 陈玉杰,李长虹.我国职业技能实训基地建设问题研究 [M].北京:中国言实出版社,2017.

[6] 陈增红,杨秀终.职业教育产教融合人才培养模式研究 [M].北京:中国社会科学出版社,2020.

[7] 丛晓峰,刘楠.高校教学改革与质量管理研究 [M].北京:中国海洋大学出版社,2008.

[8] 崔炳建.河南省第三届职教专家论坛集萃怎样推进职业教育校企合作 [M].开封:河南大学出版社,2015.

[9] 崔岩.陕西职业教育校企合作典型案例汇编 [M].北京:北京理工大学出版社,2015.

[10] 董维佳,宋建军.高等职业教育教学质量管理概论 [M].南京:南京大学出版社,2007.

[11] 董泽芳.公平与质量:高等教育分流的目标追求 [M].武汉:华中师范大学出版社,2018.

[12] 方德英等.校企合作创新:博弈、演化与对策 [M].北京:中国经济出版社,2007.

[13] 封旭红 . 瑞典高等教育质量保证体系的构建及启示 [M]. 天津：天津社会科学院出版社,2017.

[14] 冯丽霞,王若洪 . 创新与创业能力培养 [M]. 北京：清华大学出版社,2013.

[15] 冯文全 . 现代教育学 [M]. 北京：北京师范大学出版社,2011.

[16] 高彩霞 . 高职院校文化素质教育体系研究 [M]. 北京：中国环境科学出版社,2006.

[17] 关晶 . 职业教育现代学徒制的比较与借鉴 [M]. 长沙：湖南师范大学出版社,2016.

[18] 郭杰,朱志坚,陶红 . 产教深度融合背景下广东高校教育发展创新与实践 [M]. 长春：北方妇女儿童出版社,2017.

[19] 和震,李玉珠,魏明等 . 职业教育产教融合制度创新 [M]. 北京：科学出版社,2018.

[20] 贺星岳等 . 现代高职的产教融合范式 [M]. 杭州：浙江大学出版社,2015.

[21] 侯怀银 . 高等教育学 [M]. 太原：山西人民出版社,2014.

[22] 胡赤弟 . 产教融合制度路径模式 2017 宁波高等教育研究论坛论文集 [M]. 杭州：浙江工商大学出版社,2018.

[23] 黄艳 . 产教融合的研究与实践 [M]. 北京：北京理工大学出版社,2019.

[24] 黄莺,贾雪涛 . 双师型教师的专业发展研究 [M]. 北京：中国书籍出版社,2019.

[25] 黄云鹏 . 创业教育 [M]. 北京：中国科学技术出版社,2002.

[26] 吉敏 . 中国南非产教融合式产业合作 [M]. 北京：社会科学文献出版社,2020.

[27] 姜忠元 . 现代教育技术 [M]. 北京：清华大学出版社,2018.

[28] 教育部高等教育教学评估中心 . 中国高等教育质量报告 2014 版 [M]. 北京：教育科学出版社,2016.

[29] 孔英 . 高等教育质量保障体系的理论研究与实践 [M]. 沈阳：辽宁教育出版社,2017.

[30] 李淑文 . 创新思维方法论 [M]. 北京：中国传媒大学出版社,2006.

[31] 李颖,董彦.现代教育技术应用[M].合肥:中国科学技术大学出版社,2013.

[32] 梁凌洁.高职院校校企合作办学创新研究[M].成都:西南交通大学出版社,2013

[33] 梁其健,姜英.高校科研管理概论[M].武汉:华中师范大学出版社,1987.

[34] 梁迎春,赵爱杰.高等教育管理与质量评价研究[M].西安:西安交通大学出版社,2017.

[35] 廖守琴.现代教育技术基础[M].北京:科学出版社,2016.

[36] 林丽萍.高职院校文化建设创新论[M].北京:中国商业出版社,2006.

[37] 林梅.校企合作与人才培养[M].长春:吉林人民出版社,2019.

[38] 刘国瑞.2011—2015年辽宁高等职业教育质量评估报告[M].沈阳:辽宁人民出版社,2016.

[39] 卢铁城.提高高等教育质量服务经济社会发展:四川省高等教育学会2014年学术年会论文集[M].成都:西南交通大学出版社,2016.

[40] 吕红.高等教育质量标准体系评价与创新研究[M].北京:科学出版社,2018.

[41] 骆美.学生学习成果评估的生态研究——高等教育质量保障新路径[M].汕头:汕头大学出版社,2019.

[42] 孟凡芹.高等教育人才培养质量标准体系[M].北京:科学出版社,2019.

[43] 庞杰,刘先义.普通高等教育"十三五"规划教材食品质量管理学[M].北京:中国轻工业出版社,2017.

[44] 彭行荣.创业教育[M].北京:中国科学技术出版社,2003.

[45] 申纪云.高校科研管理创新研究[M].长沙:湖南师范大学出版社,2008.

[46] 申晓伟.校企合作共筑未来高校院校校企合作育人理论与实践研究[M].北京:中国广播影视出版社,2014.

[47] 史伟,杨群,陈志国.新时期职业教育校企合作办学模式探索[M].天津:天津科学技术出版社,2018.

[48] 宋作忠,刘兴丽,洪亮.地方应用型本科院校校企合作机制研究[M].徐州:中国矿业大学出版社,2017.

[49] 孙方,周本东,朱永海.现代教育技术 [M].北京:科学出版社,2012.

[50] 唐玉光,房剑森.高等教育改革论 [M].桂林:广西师范大学出版社,2002.

[51] 涂阳军.高等教育质量评价方法与案例 [M].长沙:湖南大学出版社,2016.

[52] 王德清.学校管理学 [M].重庆:西南师范大学出版社,2011.

[53] 王继新.信息化教育概论 [M].武汉:华中师范大学出版社,2006.

[54] 王嘉德.现代教学管理实务 [M].北京:龙门书局,2007.

[55] 王卓.高等教育质量评价研究 [M].长春:吉林大学出版社,2016.

[56] 吴炳岳.职业院校"双师型"教师专业标准及培养模式研究 [M].北京:教育科学出版社,2014.

[57] 吴德刚.中国教育改革发展研究 [M].北京:教育科学出版社,2010.

[58] 吴金秋.中国高校"融入式"创新创业教育 [M].哈尔滨:黑龙江人民出版社,2013.

[59] 吴茂昶,陈文.高职院校健康教育教程 [M].广州:广东科技出版社,2007.

[60] 吴卫斌,段永田.创业教育 [M].东营:石油大学出版社,2007.

[61] 肖秀阳.高职院校图书馆的改革与创新 [M].北京:华艺出版社,2006.

[62] 阳荣威,陆启越,邹作鹏.比较视域下的高等教育质量保障研究 [M].长沙:湖南大学出版社,2016.

[63] 杨德广.高等教育管理学 [M].上海:上海教育出版社,2006.

[64] 杨泉明.中国高等教育改革发展研究 [M].北京:中国人民大学出版社,2009.

[65] 姚启和.高等教育管理学 [M].武汉:华中科技大学出版社,2000.

[66] 易东.高职院校科研激励机制构建研究 [M].北京/西安:世界图书出版公司,2012.

[67] 尤莉.大数据背景下高等教育质量常态监测的技术操作系统 [M].北京：电子工业出版社,2016.

[68] 曾天山,褚宏启.现代教育管理学 [M].北京：教育科学出版社,2014.

[69] 詹先明.高职院校创业教育与指导 [M].合肥：合肥工业大学出版社,2009.

[70] 詹先明.双师型教师发展论 [M].合肥：合肥工业大学出版社,2010.

[71] 张安富,张忠家.中国高等教育质量与水平研究 [M].北京：高等教育出版社,2016.

[72] 张铁岩,吴兴伟.高职院校师资队伍建设研究 [M].沈阳：东北大学出版社,2004

[73] 张蔚,石晓春.高职院校大学生心理辅导 [M].大连：大连海事大学出版社,2007.

[74] 张旭,白鸿辉.高等职业教育实训基地建设概论 [M].沈阳：白山出版社,2008.

[75] 张烨,王本锋,汪玉娇.高职院校毕业实习与就业指导实务 [M].武汉：华中科技大学出版社,2012.

[76] 赵立莹.国际化背景下高等教育质量保障组织发展研究 [M].北京：中国社会科学出版社,2016.

[77] 郑山明.地方本科院校教师队伍建设研究 [M].北京：光明日报出版社,2018.

[78] 仲耀黎.高职院校教育教学管理 [M].合肥：中国科学技术大学出版社,2010.

[79] 周萍,缪宁陵,宋扬.高职院校内涵建设教学质量保障研究 [M].苏州：苏州大学出版社,2015.

[80] 周树海.现代教育技术 [M].北京：北京师范大学出版社,2011.

[81] 周兴国,李子华.高校教学管理机制研究 [M].合肥：安徽人民出版社,2008.

[82] 朱其训.实训基地科学建设论 [M].徐州：中国矿业大学出版社,2011.

[83] 邹松建.高职院校教师人力资源管理 [M].成都：电子科技大学出版社,2009.

[84] 陈黎明 . 地方高校研究生教育内部质量保障体系研究 [D]. 黑龙江大学,2019.

[85] 陈志军 . 地方高校人才培养质量保障体系建构研究 [D]. 西北大学,2019.

[86] 董立平 . 高等教育管理的价值问题研究 [D]. 厦门大学,2009.

[87] 杜瑛 . 我国高等教育评价的范式转换及其协商机制研究 [D]. 华东师范大学,2009.

[88] 段淑君 . 双一流视阈下中国高等教育质量评价研究 [D]. 长春工业大学,2019.

[89] 金鑫 . 中国共产党领导高等教育历史轨迹及发展优势研究 [D]. 吉林大学,2019.

[90] 刘荃美 . 地方高校全日制硕士研究生教育质量提升对策研究 [D]. 长春工业大学,2019.

[91] 刘天胤 . 民办高校校企合作项目质量管理研究 [D]. 大连海事大学,2019.

[92] 孙树彪 . 高等教育内涵式发展的"立德树人"研究 [D]. 吉林大学,2019.

[93] 王娟 . 高等学校产教融合产权机制研究 [D]. 南宁师范大学,2019.

[94] 王鹏 . 高校创业教育生态系统构建研究 [D]. 哈尔滨师范大学,2019.

[95] 张微雨 . 澳大利亚高等教育质量保障体系研究 [D]. 广西师范大学,2019.

[96] 张艳超 . 生态视角下我国高等学历继续教育可持续发展研究 [D]. 华东师范大学,2019.

[97] 赵晓芳 . 我国高等教育现代化发展阶段研究 [D]. 南昌大学,2019.

[98] 朱虹春 . 高等教育发展对高等教育经费支出结构的影响研究 [D]. 重庆邮电大学,2019.

[99] 蔡瑜琢 . 全球化及其对高等教育的影响 [J]. 高等工程教育研究,2005（1）.

[100] 邓秋蕊,陈善志 . 教育大数据背景下我国高等教育学的学科建设 [J]. 宁波广播电视大学学报,2019,17（4）.

[101] 董泽芳,陈文娇.论我国高等教育质量标准的多样性与统一性[J].高等教育研究,2010（6）.

[102] 桂华.浅谈英国高等教育管理体制[J].贵州大学学报（社会科学版）,2008（4）.

[103] 侯建国.世界格局变化背景下中国高等教育的创新发展[J].新远见,2012（10）.

[104] 胡寿平.中国高等教育七十年：规模、质量、创新及前景[J].复旦教育论坛,2019,17（5）.

[105] 蒋锦健.信息化平台下高校教育信息化建设与教学管理的创新发展[J].中国成人教育,2017（5）.

[106] 赖静,刘理.我国高等教育质量评估的能力限度问题研究[J].中国高教研究,2009（7）.

[107] 李惠芳.重新审视大学创新教育[J].科技资讯,2016,14（14）.

[108] 李奇.论我国高等教育质量保障体系的建构[J].国家教育行政学院学报,2010（11）.

[109] 李洋,余克勤,季景玉,等.中国高等教育管理机制创新：以"双一流"建设方案为视角[J].江苏高教,2018（12）.

[110] 李玉顺.教育信息化 2.0 时代的互联网学习[J].现代教育,2018（6）.

[111] 刘庆红.中日研究生教育的同与异——与早稻田大学国际部部长黑田一雄教授一席谈[J].学位与研究生教育,2019（12）.

[112] 欧阳康.中国高等教育 30 年的观念变革与实践创新[J].中国高等教育,2008（17）.

[113] 潘懋元.规模,速度,质量,特色——中国当前高等教育发展中的若干问题[J].河北师范大学学报（教育科学版）,2007,9（1）.

[114] 秦桂芳.我国高等教育质量评估存在的问题、对策与思考[J].国家教育行政学院学报,2009,143（11）.

[115] 田恩舜.我国高等教育质量保证模式的建构策略[J].高等教育研究,2006（7）.

[116] 王丽平.知识经济时代中国高等教育转型的理论与实践[J].太原大学学报,2013,14（4）.

[117] 夏文斌.改革开放以来中国高等教育的新发展[J].中国高等教育,2018（19）.

[118] 张宏 . 现代高校教学制度的价值理念与创新原则 [J]. 高等建筑教育,2018（6）.

[119] 张晓 . 教育信息化 2.0 与数字校园建设的融合支点和推进杠杆 [J]. 教育与装备研究,2018（11）.

[120] 张烨 . 走向高等教育质量公平——基于我国高等教育制度建构轨迹的思考 [J]. 高等教育研究,2012（10）.

[121] 赵晓霞 . 创新教育——新经济时代中国高等教育的战略性决策 [J]. 当代教育论坛,2006（23）.

[122] 郑秋芳 . 转型期中国高等教育目的之人的全面发展及举措 [J]. 教育观察(上旬刊),2015,4（3）.

[123] 周加灿,郑雪琴 . 影响高等学校教学质量的因素分析与对策研究 [J]. 教育评论,2017（12）.